# L'AMOUR LUCIDE

## VIVRE UNE RELATION ROMANTIQUE DANS UN MONDE MATÉRIEL

# Reynolds Butari

# L'amour lucide

## Vivre une relation romantique dans un monde matériel

*À mon fils, Noah*

# REMERCIEMENTS

*Tout d'abord, je remercie tous mes clients de thérapie. C'est à travers leurs récits que j'ai trouvé l'inspiration pour écrire ce livre.*

*Je remercie ensuite les journalistes, qui ont fait appel à moi pour parler aux auditeurs ou pour écrire des articles. Ils ont contribué à faire valoir l'utilité des psychologues, et ouvrir le dialogue sur des sujets parfois tabous.*

*Je remercie du fond du cœur mes proches, qui croient en moi et me soutiennent quotidiennement. Ils m'ont donné la force indispensable par leurs regards, leurs mots, leurs gestes et leurs conseils, pour écrire ce livre. Sans eux, je n'aurais pas eu le courage de le finir.*

*Je remercie également toutes ces personnes, que je connais personnellement ou non, qui me manifestent leur soutien et leur admiration depuis toutes ces années. Leurs messages m'encouragent à aller toujours plus loin.*

*Pour finir, merci à vous, cher lecteur, qui tenez ce livre entre vos mains. J'espère qu'il ajoutera de la valeur à votre vie amoureuse.*

# SOMMAIRE

# INTRODUCTION

J'ai écrit ce livre pour répondre de manière simple et directe aux questions qui revenaient le plus souvent au cours de mes séances de thérapie. Ces questions étaient telles que : Peut-on aimer deux personnes à la fois ? Peut-on tromper une personne alors qu'on l'aime ? Est-ce vrai que toutes les filles sont matérialistes ? L'amour le « vrai » existe-il ? Devrais-je le laisser rester en contact avec son ex, ou devrais-je lui interdire cela ? Pourquoi les femmes pardonnent-elles plus facilement l'infidélité que les hommes ?

Dans ce livre, je ne fais pas que répondre aux questions que les clients me posaient, je réponds aussi à certaines questions que je me suis posées durant les séances de counseling.

Au début, une chose m'avait beaucoup intrigué chez mes clients, surtout les célibataires. Ils avaient tous un point commun. Ils avaient tendance à fuir automatiquement ceux qui s'intéressaient à eux, et ils couraient derrière ceux qui semblaient ne pas vouloir d'eux. C'étaient quand même assez surprenant de voir comment, tout ce joli monde de célibataires, que ce soient les demoiselles o0u les jeunes hommes, étaient tous intéressés par quelqu'un qui ne semblait pas vouloir d'eux. Comment cela se faisait-il ?

Dans l'ensemble, ils tombaient amoureux ou s'attachaient à la « mauvaise personne », en l'occurrence celle qui ne veut pas d'eux. Ils semblaient tous suivre un même schéma : suivre ceux qui ne les veulent pas et fuir ceux qui les cherchent. Pourtant, ils avaient d'autres alternatives plus intéressantes et plus alléchantes, ceux qui les cherchaient n'étaient pas si mal que ça. Mais peu importe les qualités que semblaient avoir les personnes qui les cherchaient, ce n'était jamais suffisant pour changer leur vision des choses, ils étaient complètement obsédés par cette autre personne qui les ignorait et les faisait souffrir. J'avais beau essayer de leur dire qu'ils méritaient mieux, et qu'ils avaient un choix plus étendu, rien ne semblait les convaincre. C'en était presque désespérant, celui ou celle qui s'intéressait à eux avait très peu de chances de réussite. Il pouvait être plus attirant physiquement ou plus intelligent ou plus riche ou plus gentil, ou plus honnête, rien n'y faisait. Leur cœur était « pris » par quelqu'un d'autre qui les négligeait.

Mes clients souffraient énormément, ils étaient prêts à tout faire pour « gagner » le cœur de celui ou celle qui avait su les attirer sans faire aucun effort. En général, la personne qui les attirait l'avait fait involontairement, sans chercher à les connaître ou à les intéresser. C'était comme si une force qui émanait de cette autre personne les avait attirés comme par magie. Dès qu'ils l'ont vue, ils ont compris « instinctivement », que c'était la personne qu'ils avaient toujours rêvé d'avoir dans leur vie, et ils avaient l'intime conviction qu'il fallait tout faire pour gagner le cœur de cette personne. Ils sentaient que lorsque cette personne tant désirée aura enfin dit « oui », ils pourront enfin connaître le bonheur, le vrai. Ils n'éprouveront plus ce vide qu'ils ressentent en eux, et ils ne se sentiront plus seuls et perdus. Ils étaient convaincus que quand ce jour arrivera, ils vivront un sentiment d'euphorie perpétuel, ils pourront enfin pouvoir se confier et partager leurs idées avec quelqu'un qui les comprend et qui les accepte.

Bien sûr, ils n'étaient pas les mêmes, certains finissaient quand même par aimer ou par être attirés en retour par la personne qui les avait cherchés au début. Parfois, un concours de circonstance, un petit détail qui changeait la donne et les emmenait à changer le regard qu'ils portaient sur cette personne qu'ils avaient négligée au début. La circonstance pouvait prendre plusieurs formes, en général c'est quand la personne était fatiguée de se faire rejeter et décidait de passer à autre chose. Le détail qui change tout pouvait prendre la forme d'un départ à l'étranger vers un pays lointain qui offre plus de perspectives d'avenir, ou une promotion dans sa carrière, ou tout simplement un engagement sérieux avec quelqu'un d'autre. Alors là, la personne négligée devenait subitement intéressante aux yeux de mes clients. Ceux-ci regrettaient de l'avoir négligée dans le passé et s'en voulaient énormément. Un peu comme on regrette de ne pas avoir saisi une opportunité d'affaire qui ne nous semblait pas intéressante au premier abord. Ils avaient alors l'amère impression d'avoir laissé passer leur chance et ils cherchaient un moyen de ramener vers eux cette personne qu'ils avaient tant négligée et rejetée durant autant d'années.

J'ai particulièrement cherché à comprendre d'où nous vient cette tendance de toujours négliger la personne qui nous admire et nous apprécie, peu importe ses qualités. Pourquoi traitons-nous si gentiment et si généreusement les étrangers ou les personnes que nous ne connaissons pas très bien, alors que nous sommes horribles envers nos proches ? L'idéal voudrait que ce soit le contraire

En effet, nous sommes toujours prêts à juger de la manière la plus dure et la plus impitoyable le moindre faux pas de notre partenaire et il/elle fait de même envers nous. Le niveau de tolérance et de pardon diminue dramatiquement quand il s'agit de notre partenaire.

Je ne comprenais pas pourquoi nous pouvons passer toute notre vie à chercher l'amour si c'est pour agir aussi « méchamment » une fois que nous l'avons trouvé. Pourquoi, une fois que l'euphorie des premiers jours est passée, nous et notre partenaire nous nous traitons mutuellement comme des monstres et agissons plus comme des « ennemis » l'un envers l'autre ? Pourquoi nous trahissons toutes les promesses que nous nous faisions au début de la relation. ?

La question était inévitable, qu'est ce qui coince au fond ? Pourquoi beaucoup semblent déçus par les promesses et les attentes que nous offrent la vie à deux ? La plupart d'entre eux ont baissé les bras et se sont résignés ? Qu'est ce qui fait qu'au bout d'un moment certaines personnes qui vivent en relation de couple vont chercher le bonheur ailleurs, loin de leur partenaire ou dans d'autres activités qui semblent leur apporter un peu d'équilibre ? Pourquoi a-t-on l'impression que leur partenaire, l'amour de leur vie est maintenant devenu un simple colocataire avec qui on partage les charges et les tâches de la maison ?

Ce livre est en quelque sorte un condensé des réponses que j'ai pu trouver concernant toutes ces questions qui revenaient le plus souvent. En le parcourant, vous comprendrez entre autres pourquoi certaines personnes sont tout simplement devenues des « célibataires chroniques » en perpétuelle recherche du/ de la partenaire idéal(e). Pourquoi ils ont connu des partenaires multiples, ont enchaîné les relations amoureuses l'une après l'autre afin de trouver la personne qui pourrait « enfin » leur convenir et les combler totalement, pour être déçus à la fin. Ils mettaient brutalement fin à la relation, ou dans d'autres cas c'est l'autre qui y mettait fin, et ils se sentaient lésés.

Ce livre contient enfin des explications plus détaillées sur les facteurs d'attraction qui sont vendus par la société moderne et les réels facteurs d'attraction.

Bonne lecture !

# PREMIÈRE PARTIE :
# LE MYTHE DE L'AMOUR IDÉAL ET SES LIMITES.

# Chapitre 1. Le mythe de la rencontre.

Nous vivons une époque dans laquelle les médias et la culture ambiante nous ont convaincus que nous devons connaître l'amour si nous voulons enfin vivre un moment de bonheur.

Tout jeunes, nous sommes nourris par des mythes de princes charmants et de princesses. Les romans, les dessins-animés et les films mettent en scène l'idéal de la rencontre avec notre « âme sœur ». Les acteurs jouent les moments d'excitation et de doutes que nous ressentons au moment de cette rencontre. Des scènes dans lesquelles le héros rencontre à la gare ou à l'aéroport une jeune fille qu'il ne connaît pas, la trouve mystérieuse et attachante et se met ensuite à la conquête de son cœur, il lui demande son numéro, l'invite au resto ou au ciné, ils apprennent à se connaître, et finissent par se déclarer leur flamme au bout de quelques rebondissements et après avoir surpassé quelques malentendus.

Une fois devenus adultes, nous souhaitons tous secrètement vivre une belle histoire d'amour, telles que celles racontées dans les romans. Ils nous font rêver à travers un mythe édulcoré sur les relations amoureuses, qui se base principalement sur la rencontre de deux personnes qui ne se connaissent pas, mais qui sont destinées à passer leur vie ensemble. Ce mythe peut être résumé en 11 points que voici.

# 1.  Qui est notre âme sœur ?

Au fond de nous, nous sommes convaincus que, pour vivre une vie heureuse et satisfaisante durant notre court passage sur terre, il nous faut rencontrer notre « âme sœur ».

Mais qui est notre âme sœur ? C'est une personne d'une grande beauté intérieure et extérieure, qui nous comblera de joie, et sera à nos côtés jusqu'à la fin de notre vie. Si nous n'avons pas la chance de rencontrer cette personne, nous serons condamnés à une vie de misère affective et de solitude. Nous n'aurons personne avec qui partager nos joies et nos peines.

Mais que fera cette personne à nos côtés pour nous rendre heureux ? Comment allons-nous la reconnaître ?

# 2.  Le coup de foudre.

Le mythe veut que le jour où nous rencontrerons notre âme sœur, il y aura quelque chose au fond de nous qui nous informera que nous venons de « rencontrer » une personne spéciale et qu'il ne faut pas passer à côté. Ce sentiment sera tellement fort, que nous serons automatiquement et irrésistiblement attirés par cette personne, et ce sera réciproque. Nous nous sentirons acceptés et désirés.

Dans le cas où ce n'est pas réciproque, nous lui ferons la cour et entreprendrons de la séduire pour lui ouvrir les yeux.

Rien n'arrêtera la puissance de cette conviction intime, et même, dans le cas où nos proches désapprouvent le choix de notre partenaire, s'ils ne sont pas convaincus par sa profession ou ses projets, nous pourrons toujours recourir à l'argument suprême de la société moderne en matière de choix du partenaire : le sentiment amoureux.

Nous pourrons toujours leur répondre que nous l'aimons, et que nous l'avons su dès le premier jour où nous avons posé les yeux sur lui/elle.

Personne ne s'y opposera, car l'intuition et la conviction intime sont présentées dans les fictions comme étant la boussole interne qui guidera chaque personne dans le choix du partenaire. La société moderne met en valeur cette conviction intime ressentie par au moins une des deux personnes au moment de la rencontre. À en croire les fictions, il faut respecter ce sentiment et surmonter toutes les barrières qui pourraient bloquer cette relation. Il faut suivre la voie de son « cœur », et donc écouter son intuition, car elle seule est censée nous aider à trouver notre âme sœur.

## 3. Le Nirvana…

Nous aurons des relations sexuelles plus que satisfaisantes avec notre âme sœur. A chaque fois, ce sera le Nirvana, puisque nous serons compatibles et aurons été créés l'un pour l'autre. Ce que nous avons connu avec nos précédents partenaires, ne sera rien comparé au plaisir que nous ressentirons pendant l'acte sexuel avec notre âme sœur. Ce ne sera pas qu'un simple acte physique. Ce sera aussi une communion d'âmes et d'esprits, qui se rencontrent enfin, pour ne former qu'un. Des pièces d'un même puzzle qui s'imbriquent.

## 4. …Un plaisir éternel…

Le plaisir que nous ressentirons pendant l'acte sexuel avec notre âme sœur sera toujours maximal, et cela, pas seulement au début de notre relation. Cela durera pour toujours, jusqu'à la fin de notre existence, et peut-être même jusque dans l'au-delà.

Si le désir diminue, ce sera une catastrophe, un signe révélateur que la relation se détériore. Il faudra alors trouver des moyens pour rallumer la flamme, puisque le plaisir n'est optimal qu'avec cette seule personne.

## 5.  ...et exclusif.

Nous ne serons plus jamais attirés sexuellement par une autre personne, parce que nous aurons trouvé le/la partenaire idéal(e). Notre conjoint(e) nous satisfera amplement, et nous n'aurons plus envie d'aller voir ailleurs. L'époque où nous changions de partenaire comme de chemise sera révolue, car nous aurons trouvé chaussure à notre pied, et serons heureux(se) et fier(e) de rester avec cette personne.

## 6.  Il/elle saura lire dans nos pensées.

Nous émettrons sur la même la longueur d'onde, et cela peu importe son âge, sa race ou son niveau d'éducation. Grâce à l'amour qui nous unira, nous serons tellement connectés, que nous nous comprendrons de manière presque intuitive, sans devoir trop parler.

Par exemple, il/elle devinera nos besoins et nos envies, sans que nous n'ayons à les exprimer. Un regard ou une pensée suffira. Il/elle sera doté(e) de pouvoirs télépathiques magiques, qui lui donneront la capacité de comprendre presque intuitivement ce que nous voudrions dire ou faire, et il/elle s'exécutera pour nous surprendre et nous faire plaisir. Notre amoureux exécutera le moindre de nos caprices au nom du sentiment qui nous unit, sans se sentir forcé ou contraint. Il/elle pourra même compléter nos phrases avant que nous ne les ayons finies. Nous partagerons les mêmes passions et les mêmes valeurs. Nous pourrons enfin pousser un « ouf » de soulagement, nous sentir compris(e) et moins seul(e), car nous aurons enfin trouvé la personne qu'il nous fallait depuis que nous sommes nés : celle qui saura lire dans nos pensées.

## 7.  L'amour nous guidera.

L'étendue de notre amour ne se limitera pas à deviner les pensées de l'autre. Le mythe vendu par la culture moderne à travers les films et romans va encore plus loin. Il nous rassure et nous apprend que nous n'avons pas besoin de recevoir une éducation sur la façon de vivre concrètement et pratiquement notre relation amoureuse à deux. Il nous suffira « d'écouter notre cœur ». Celui-ci nous guidera et nous montrera comment vivre cette relation jusqu'à la fin de notre vie. Nous improviserons tout au long du chemin, nous serons à l'écoute de nos sentiments, et nous nous adapterons au fur et à mesure, le sentiment amoureux nous donnera la force de pouvoir tout faire.

Qui paiera les factures d'électricité ? Qui préparera à manger ? Qui ira chercher les enfants à l'école ? Qui fera la vaisselle, repassera les habits ou fera le ménage ? Comment allons-nous organiser la décoration de la maison ? Qui prendra sa douche en premier ? Comment lui faire plaisir ? Quel cadeau choisir pour son anniversaire ?

Toutes ces questions pratiques sont considérées comme des futilités ou des « tue l'amour ». Les fictions nous font croire que nous n'aurons qu'à suivre notre intuition. Nos sentiments guideront chacun de nos gestes et le tour sera joué.

Nous n'avons pas à nous inquiéter à ce sujet. Notre cœur nous guidera et nous dira quoi faire, quand le faire et surtout de quelle manière le faire. Notre seul devoir sera de l'écouter. Nous n'avons pas besoin de savoir comment fonctionne la psychologie des hommes ou des femmes, car notre âme sœur est « censée » être quelqu'un d'unique et différent de toutes les autres personnes que nous avons déjà rencontrées car nous sommes tellement compatibles. Et en plus, nous sommes les seuls à posséder, dans notre cœur, la clé de son « manuel d'utilisation ». Lui/elle aussi saura quoi faire pour nous, et nous nous compléterons. D'ailleurs, nous sommes faits l'un pour l'autre, ce sera magique et nous en sommes convaincus.

## 8.  Il n'y aura pas de secrets entre nous.

Nous serons tellement unis et amoureux, que nous pourrons nous ouvrir à l'autre et tout nous dire sans honte, ni peur d'être jugés ou critiqués. Nous nous dirons absolument tout sans rien cacher, nous serons entre nous comme de véritables livres ouverts.

Le lien qui nous unira sera tellement fort, que nous serons capables de nous ouvrir complètement et communiquer sur tous les sujets. Il n'y aura absolument pas de secret ni de tabou entre nous. Nous pourrons nous avouer tous nos désirs les plus secrets, toutes nos blessures les plus profondes, nos rêves, nos ambitions, nos projets, nos déceptions, nos peurs, nos angoisses… Nous pourrons rire et pleurer ensemble. Nous partagerons absolument tout.

Chacun pourra raconter à l'autre tout ce qui lui passe par la tête avec la garantie que cela restera confidentiel, et que l'autre ne dévoilera jamais nos secrets les plus intimes. Nous lui ferons totalement confiance et cela sera réciproque. Nous aurons enfin trouvé une personne à qui nous pouvons vraiment nous confier.

## 9.  Sa présence nous comblera de joie.

Les moments passés avec notre âme sœur seront tellement magiques, que nous souhaiterons rester continuellement en sa compagnie. Nous éprouverons du plaisir à passer beaucoup de temps ensemble, sans jamais nous lasser, et nous ferons tout ce qui est en notre pouvoir pour faire un maximum de choses ensemble car sa présence illuminera tellement nos journées que nous serons tout le temps contents de voir cette personne. Nous nous promènerons dans la forêt ou sur la plage, nous irons au cinéma, nous ferons des voyages ensemble, et nous aimerons partager notre emploi du temps.

À chaque fois que nous serons séparés pour une certaine durée, aussi petite soit-elle, nous ressentirons un énorme manque et nous trouverons un moyen de garder le contact autant de fois que possible.

## 10. Il/elle nous aimera inconditionnellement.

Selon ce même modèle, cette personne nous aimera tels que nous sommes et cela sera un véritable signe d'amour. À ses yeux, nous serons la personne idéale, sans aucun défaut. Si par aventure elle venait à nous trouver quelques défauts, elle les acceptera par amour et continuera à nous aimer comme nous sommes, sans nous faire la morale ou chercher à nous changer.

## 11. Ils vécurent heureux et eurent beaucoup d'enfants.

Bien évidemment, nous nous marierons avec cette personne. La célébration de notre mariage ne sera pas comme celle des autres. Elle sera différente et restera gravée dans les mémoires. Ce sera une fête originale, avec tout ce qu'il y a de plus somptueux et prestigieux. Tous ceux que nous aimons seront présents à cette cérémonie : nos parents, nos oncles et tantes, nos cousins et cousines, nos amis d'enfance, nos anciens camarades de classe, nos collègues de travail, etc. Tous seront là pour partager la consécration de notre union. Nos parents seront fiers de nous et nos amis nous envieront.

Par la suite, nous fonderons une famille et ferons de beaux enfants qui nous ressemblerons comme deux gouttes d'eau. Nous leur donnerons une éducation parfaite dont nous n'avons jamais parlé à l'avance. Cela se fera naturellement.

N'oublions pas que tout cela se fera en gardant la même intensité dans la passion sexuelle et émotionnelle qu'aux premiers jours de notre rencontre. Notre amoureux (se) jouera plusieurs rôles. Elle/il sera en même temps notre âme sœur, notre amant/maîtresse, notre meilleur(e) amie, la mère/le père de nos enfants, notre colocataire, notre guide spirituel, etc.

Il est évident que nous nourrissons le fantasme d'une vie longue et heureuse aux côtés de notre âme sœur. Nous lui attribuons aussi des qualités et des aptitudes qui montrent que nos attentes sont quelques peu irrationnelles. C'est pour cela que beaucoup de personnes qui ont essayé de vivre ce genre de relations romantiques avec un tel degré d'attentes finissent par affirmer que l'amour, le vrai, n'existe pas, car elles ont été tout simplement déçues. Elles ont été déçues justement parce qu'elles s'attendaient à vivre ce genre de relation que nous venons de voir en 11 points. Nous voulons vivre une vie comme dans les films. Mais au fait, que se passe-t-il à la fin du film ?

# Chapitre 2. Quand le film est fini.

Le drame avec le mythe de l'amour romantique tel qu'il nous est vendu à travers les romans et les films, c'est que bien souvent, ils ne nous parlent que de la rencontre entre ces deux êtres censés s'aimer pour la vie. Ils ne nous expliquent pas comment vivre concrètement une relation de couple satisfaisante, sous le même toit, de manière durable.

À la fin de l'histoire, les deux personnages s'embrassent et se promettent amour et fidélité jusqu'à la fin de leur vie. Mais nous ne savons pas comment ils vont vivre leur histoire.

L'intrigue est souvent la même, par exemple le Titanic, il s'agit généralement de la rencontre entre deux individus que visiblement tout oppose, Jack est un jeune artiste d'origine modeste qui a la chance d'embarquer à la dernière minute dans le plus prestigieux bateau de l'époque, il y rencontre Rose une jeune fille de la haute société et tombe sous le charme. Ces deux personnes sont étrangères l'une de l'autre, n'ont rien en commun, ne se connaissent pas, mais sont irrésistiblement attirées l'une envers l'autre, grâce à l'émergence d'un sentiment spécial appelé « amour ». Comme dans toutes les histoires d'amour romantique, au début, ils doivent surmonter quelques obstacles qui se mettent au milieu de leur chemin, ces obstacles peuvent prendre la forme d'un malentendu, d'un concurrent malveillant, de la désapprobation de l'entourage, la distance, le statut social ou encore le niveau d'éducation. Nos deux amoureux font tout pour passer les épreuves ensemble, et en profitent pour fortifier leur union face à ces défis, et ils finissent généralement par se dire qu'ils s'aiment ; mais on ne nous donne pas la suite, on nous laisse sur notre faim.

Personne ne nous explique comment ces deux personnes s'y prennent concrètement pour vivre et entretenir leur relation. D'ailleurs, dans les grands classiques des histoires de l'amour romantique tels que Roméo et Juliette, Tristan et Iseult, le Titanic et beaucoup d'autres, les deux amoureux meurent à la fin, nous n'avons donc aucune indication concrète et pratique sur comment ils allaient vivre une telle relation enflammée. Dans les cas où ils survivent, on nous laisse entendre que ce sentiment spécial appelé « amour » et qui est à l'origine de leur union, suffira pour les maintenir heureux ensemble. Il est sous-entendu que ce sentiment sera présent, leur relation sera solide jusqu'à la fin de leur vie. À en croire les fictions, le seul ingrédient dont nous ayons réellement besoin pour une vie de couple satisfaisante, c'est l'amour. Le reste n'a aucune importance, étant donné que la majorité des fictions s'arrêtent au moment où les deux se disent « Oui ! ».

La barre est tellement mise très haut par rapport aux relations de couples de telle manière que, si la nôtre ne ressemble pas à celles qui sont décrites dans les films, nous croyons naïvement que nous nous sommes trompés dans notre choix du partenaire et que nous allons rater notre vie de couple

Mais alors pourquoi de nombreuses personnes sont-elles convaincues d'avoir fait le bon choix au début, mais le regrettent amèrement par la suite ? Ce sentiment spécial les auraient-elles induites en erreur ?

# Chapitre 3. Les limites du mythe.

Peu d'entre nous peuvent prétendre vivre une relation amoureuse telle qu'elle est décrite dans le chapitre 1. Beaucoup ont essayé mais ont fini déçus et aigris, jusqu'à prétendre que l'amour n'existe pas. Alors qu'est-ce qui bloque dans ce cas ?

En réalité, le mythe de l'amour romantique se base sur des concepts peu pratiques, tels que :

## 1. La perfection de l'être aimé.

Le mythe veut que la personne censée partager notre vie soit dotée de capacités spéciales. Elle nous désirera physiquement tout le temps, tous les jours et cela peu importe notre attitude envers elle. Son amour sera inconditionnel.

Nous croyons que si quelqu'un nous aime vraiment, il devrait nous aimer « tels que nous sommes ». Même si nous avons quelques défauts, cela ne devrait pas compter, car notre conjoint(e) n'aurait qu'à les tolérer et les supporter comme un signe d'amour. Nous n'acceptons pas les conseils de notre amoureux(se) et nous ne voulons surtout pas qu'il/elle nous dise de changer tel ou tel comportement. Nous prenons leurs conseils comme des insultes ou une marque de jugement.

Ainsi va notre raisonnement : « Comment ose-t-il (elle) me dire que je dois changer ? S'il (elle) m'aime vraiment il (elle) m'excuserait et me tolérerait. Si il (elle) ne trouve pas que je suis parfait(e), c'est qu'il (elle) ne m'aime pas. Son amour devrait être inconditionnel ».

Nous espérons également que notre partenaire, s'il (elle) nous aime vraiment, saura lire dans nos pensées et pourra deviner nos besoins. Non seulement il (elle) devinera nos pensées mais il (elle) agira sans même que nous ne l'ayons demandé. Nous sommes convaincus que sa capacité à pouvoir deviner nos envies et lire nos pensées est un signe d'amour.

Nous pourrons nous confier ouvertement auprès de lui (elle) sans peur d'être ridiculisé(e). Il (Elle) aura envers nous une patience sans limite et une capacité d'écoute incroyable.

Mais d'où nous vient ce besoin de rencontrer quelqu'un qui puisse nous aimer de manière inconditionnelle ? Quelqu'un qui soit capable de lire dans nos pensées un peu comme si nous étions des bébés en bas âge dont il faudrait deviner les besoins et y pourvoir à longueur de journée ?

La réponse se trouve dans la question. Les mots-clés sont « bébés » et « enfants en bas âge ».

Ce besoin prend source aux débuts de notre vie, auprès de nos parents ou de ceux qui ont pris soin de nous quand nous étions bébés, puisque c'est à ce moment-là que nous avons eu nos premières expériences « amoureuses ». Nos parents nous aimaient inconditionnellement, devinaient nos besoins et y répondaient sans que nous sachions nous-mêmes ce que nous voulions vraiment. Nous n'avions qu'à pleurer, puisque c'est tout ce que nous savions et pouvions faire à l'époque, et ils se démenaient pour satisfaire le moindre de nos besoins. En même temps, nos besoins n'étaient pas si nombreux. À l'époque, nous avions juste besoin d'être divertis, de manger et de dormir. C'est pourquoi, nos parents, ou ceux qui se sont occupés de nous à cette époque, pouvaient facilement deviner quels étaient nos besoins. Tout se faisait tout seul sans aucun effort de notre part, nous n'avions qu'à pleurer plus ou moins bruyamment et tout était réglé.

En plus de cela, ils pardonnaient toutes nos fautes, car nous étions encore petits et n'avions pas conscience des conséquences de nos actes. Nous pouvions casser des objets, refuser de manger, jeter la nourriture par terre, pleurer toute la nuit, nos parents ne nous en tenaient pas rigueur. Ils nous pardonnaient et continuaient à nous aimer de manière inconditionnelle. Nous n'avions pas besoin de faire des efforts ou de les aimer en retour, ils nous aimaient tout simplement. Notre présence était suffisante pour les rendre heureux, nous n'avions qu'à jouer ou rire pour qu'ils se sentent satisfaits.

La première expérience d'« amour » avec ceux qui ont pris soin de nous quand nous étions en bas âge, marque profondément notre perception de l'amour, et nous la projetons sur nos relations d'adultes. Cela ne nous rend pas service, car cela crée une attente irréaliste de ce que peut représenter le fait de nous aimer. Comment quelqu'un va-t-il nous aimer constamment et sans se lasser, sans que nous n'ayons fourni aucun effort pour lui plaire ? Comment quelqu'un pourrait-il deviner nos pensées d'adultes, avec toutes les nuances sur les humeurs, les buts, les valeurs et les objectifs ? Malheureusement, quand nous tombons sur un(e) partenaire qui n'est pas prêt à écouter tous les détails de notre journée, parce qu'il/elle aussi est fatigué(e)par une longue journée de travail frustrante, qui ne s'émerveille pas sur chacun de nos petits gestes, comme le faisaient nos parents, nous pourrions ressentir avec regrets que ce n'est pas de l'amour. Il faudrait juste reconnaître le fait que nos partenaires ne sont pas des individus ineptes et incapables de donner de l'attention, ou encore moins de grands enfants égoïstes ; le drame est que nous les jugeons avec notre expérience d'adulte en comparaison des meilleurs moments de notre enfance.

En réalité, nous en voulons à notre partenaire de ne pas avoir deviné nos besoins et désirs, ou su lire dans nos pensées. Quand notre conjoint(e) nous demande ce qui ne va pas, nous répondons : « Rien, tout va bien ». Nous croyons que c'est le rôle de notre partenaire de se tracasser les méninges, afin de trouver pourquoi nous sommes frustrés, sans que nous n'ayons eu à l'exprimer.

Maintenant que nous avons grandi et sommes devenus des adultes, il serait vraiment illusoire de croire qu'un autre adulte comme nous pourrait nous donner la même sorte d'amour inconditionnel que nous avons reçu de nos parents. Nous devrions admettre que nous ne sommes pas parfaits et que nos défauts sont parfois un frein pour l'épanouissement de notre relation. Nous devrions laisser nos partenaires nous éclairer et nous conseiller sur nos nombreux défauts, et commencer un travail de fond pour mieux vivre notre relation.

## 2.  La force du sentiment amoureux.

Il existe une sorte d'« analphabétisme » dans les relations amoureuses, car nous croyons en général qu'il suffit de la seule présence du sentiment amoureux pour réussir notre relation de couple. Comme nous allons le voir dans la suite de ce livre, le sentiment amoureux est beaucoup plus complexe qu'on ne le croit, et ne peut pas, à lui seul, permettre une vie de couple harmonieuse.

Quand il s'agit de relations amoureuses, nous basons notre jugement sur notre intuition. Parfois, nous croisons un(e) bel(le) inconnu(e) dans la rue, nous enflammons notre imagination et nous nous faisons tout un film sur ses qualités. Un regard, un sourire, une façon de marcher, suffiront à produire en nous une conviction intime qui nous convaincra que « cette fois-ci c'est le (la) bon(ne) ». Nous l'appellerons « sentiment spécial » par la suite. Nous commençons à imaginer quelle chance ce serait et quel bonheur nous éprouverions si jamais cette personne si spéciale venait à nous aimer en retour. Et nous voilà conquis en quelques minutes et prêts à nous engager pour la vie avec un(e) parfait(e) inconnu(e).

Il nous faut comprendre que les deux partenaires doivent fournir des efforts allant dans un sens constructif. Il ne suffit pas d'espérer tout seul que tout ira bien, sans fournir aucun effort, il nous faut agir pour atteindre nos objectifs.

# Chapitre 4. À l'origine du mythe : Une mentalité de manque.

L'environnement culturel et social dans lequel nous évoluons, conditionne le choix de nos conjoints, détermine les personnes qui nous attirent, et influence significativement la façon dont nous traitons ceux qui vivent en couple avec nous.

Par exemple, nous sommes souvent attirés par les personnes inaccessibles et hors de portée, et nous avons souvent tendance à idéaliser ceux qui nous attirent. Au début, nous pensons que notre partenaire est parfait, mais une fois que nous sommes en couple, nous le/la maltraitons et le/la négligeons, car nous le/la prenons pour acquis/e

Le modèle capitaliste nous pousse à aimer les gagnants, les héros, ceux qui s'en sortent et ne se laissent pas faire. Mais voyons en détail comment ce modèle conditionne nos attractions. Comment il définit ceux qui nous attirent et nous font rêver.

## 1. La mesure du succès : l'envie et le regard des autres.

La vision capitaliste du monde, nous pousse à envier ceux qui possèdent des choses de grande valeur. Ces choses se résument aux trois fondements du capitalisme : l'argent, la popularité et le pouvoir.

La société moderne nous apprend à mesurer notre succès selon le regard des autres. Tu sauras que tu as réussi, si les autres envient qui tu es, ou ce que tu possèdes. Le regard des autres sera un indicateur de succès.

Ainsi, si un grand nombre de personnes t'envient ou veulent acquérir l'objet que tu possèdes, cela veut donc dire que tu possèdes un objet de grande valeur. Au contraire, si personne ne t'envie ou désire cet objet, cela voudra dire qu'il n'a aucune valeur. Par exemple, on s'accordera à penser que tel film ou tel livre a eu du succès, s'il a été vu ou lu par un grand nombre de personnes.

Le regard des autres étant une mesure du succès, nous appliquons très souvent ce principe dans le choix de notre partenaire. Bien entendu, nous choisissons celui ou celle qui saura nous séduire, mais qui saura aussi séduire notre entourage. En d'autres termes, nous cherchons un partenaire qui peut créer l'envie aux yeux des autres. Cela nous fait l'apprécier encore plus.

## 2.  Les choses de valeur sont en quantité rare et limitée.

La société moderne nous a appris à croire que les choses de grande valeur sont rares et en quantité limitée (l'or, les diamants, les voitures de luxe, les emplois bien rémunérés, les très bons restaurants, etc.). Toutes ces choses auxquelles notre société capitaliste accorde de la valeur ont une chose en commun : elles sont rares et en quantité très limitée. Elles ne sont donc pas accessibles à Monsieur Tout le Monde, car elles sont chères.

Nous avons donc grandi avec l'illusion que, toute chose qui a une réelle valeur, est très rare et disponible en quantité limitée, et qu'il nous faudra vraiment « payer » cher pour l'acquérir.

Bien entendu, le prix à payer dépend de la nature de l'objet de valeur que nous voulons acquérir. Nous savons, par exemple, que si nous voulons un diplôme pour exercer une profession prestigieuse, nous l'obtiendrons au bout de plusieurs années d'étude. Ou encore, que les restaurants gastronomiques et prestigieux sont, non seulement rares, mais ils sont avant tout très chers et n'accueillent pas n'importe qui.

Les choses de valeur ne s'acquièrent pas aussi facilement, elles ont des « standards ». Pour y avoir accès, il faut travailler dur. L'équation est simple : il faut « devenir » quelqu'un d'exceptionnel pour posséder quelque chose d'exception.

Nous avons donc appris que les choses de valeur sont très rares et en quantité limitée, qu'il nous faudra souffrir pour les acquérir, et que nous les posséderons peut-être au bout d'un certain temps, au prix d'un effort surhumain, après quelques échecs et plusieurs tentatives.

Malheureusement, nous appliquons cette vision des choses aux relations de couple et transposons les mêmes conclusions.

## 3. Les personnes de valeur sont rares et en quantité limitée.

Parfois, nous refusons les avances des autres, car nous pensons qu'ils se sont trompés à notre sujet. Nous nous disons qu'ils sont aveugles et ne voient pas combien nous sommes inintéressants. Une part de nous nous persuade que nous ne méritons pas autant d'attention, car nous ne sommes pas si extraordinaires que cela. Nous pensons que ces personnes se trompent sur notre compte, et ne savent pas à quel point nous sommes vides et inutiles. Nous avons peur d'être dévoilés une fois que nous aurons accepté leurs avances, et qu'ils/elles découvriront qui nous sommes réellement. Alors, nous choisissons délibérément de refuser leurs avances, parce que nous n'arrivons pas à accepter que nous pouvons être intéressants comme individu.

D'un autre côté, nous partons à la recherche de l'âme sœur avec l'idée qu'il nous faudra lutter pendant des années pour trouver « la » personne qui partagera notre vie. Ce sera un véritable parcours du combattant, un chemin de croix version romantique. Trouver la « bonne » personne sera vécu comme un vrai challenge. Il nous faudra souffrir autant que pour trouver un job idéal bien rémunéré et passionnant.

Ainsi, quand une personne s'intéresse à nous, nous pensons qu'elle n'est pas la « bonne », car cela ne correspond pas à notre vision capitaliste du monde, selon laquelle nous devons courir derrière les « bonnes » personnes, comme nous courons derrière les choses de grande « valeur ».

Tout comme avec les choses de valeur qui sont difficiles d'accès, nous transposons cette vision du monde et nous nous retrouvons attirés par des personnes qui ne nous montrent aucun signe de disponibilité.

Nous supposons donc qu'une personne qui s'« offre » aussi facilement n'a pas une grande valeur. Nous pensons qu'il y a « anguille sous roche ». Que veut-il/elle vraiment ? Pourquoi moi ? C'est pourquoi, nous refusons leurs avances. Notre raisonnement est le suivant : « Si les personnes qui s'intéressent à nous avaient de la « valeur », ce serait plutôt à nous et au reste du monde de leur courir après ».

« Les choses précieuses sont rares et en quantité limitée. » Quand cette logique est transposée aux relations amoureuses, ceux qui sont le plus disposés à démontrer des signes d'affection souffrent le plus. Car celui qui reçoit ces marques d'affection les perçoit comme un signe de faiblesse de leur part.

Ainsi, comment faire pour convaincre la personne qui nous attire ? Là encore, la société moderne nous impose de passer par un douloureux processus de séduction, selon lequel : « Il faut « devenir » quelqu'un d'exceptionnel pour posséder une chose d'exception. »

## 4. La séduction : le lourd prix à payer pour paraître exceptionnel et trouver l'amour.

Selon la société moderne, si nous sommes célibataires, seuls et tristes de vivre dans cette condition, c'est entièrement de notre « faute ». Nous devrions faire quelque chose pour remédier à cette situation, si celle-ci ne nous plaît pas.

Nous ne sommes pas suffisamment intéressants pour attirer les gens vers nous, tels que nous sommes actuellement. Ainsi, la société essaie de nous trouver des raisons qui justifient votre célibat, et elle en a plusieurs.

Nous sommes moches, gros, ou simplement pas attirants physiquement, notre coupe de cheveux n'est pas jolie, notre démarche n'est pas assez dynamique et donne l'impression que nous ne sommes pas des personnes ambitieuses, notre sourire manque un peu d'éclat, etc. Ainsi, à cause de nos nombreux défauts, nous ne sommes pas assez intéressants pour attirer les bonnes personnes. Celles-ci nous évitent même.

L'idée générale est que si nous changeons ou réparons deux ou trois petites choses, nous deviendrons des personnes extraordinaires, exceptionnelles et nous pourrons alors attirer des personnes intéressantes.

Il faut reconnaître que, quand on se retrouve sur le marché de la séduction, on est prêt à tout pour plaire. C'est donc notre responsabilité de trouver cette « chose » qui ne va pas, afin de réparer cela au plus vite.

Aux premiers abords, cette équation semble logique et séduisante. Beaucoup d'entre nous y adhérons même. Sous la menace de passer le restant de notre vie seul, nous décidons donc d'agir et de changer. Pour y arriver, nous mettons toutes les chances de notre côté, et faisons tout pour cacher nos « défauts » ou nos « vulnérabilités ».

S'engage alors une véritable course à la perfection... Nous soignons notre look, nous faisons tout pour montrer que nous avons du succès (surtout les hommes), nous corrigeons notre posture (surtout les filles), nous apprenons à parler dans un langage plus convenable et soutenu, nous adoptons des techniques pour envoyer des textos captivants, etc. Au final, nous essayons de devenir parfaits, parce que nous sommes convaincus que l'amour est une réponse à la perfection.

A mon avis, nous devrions arrêter de nous torturer pour rien. Personne n'est parfait ! Certaines personnes ont des défauts bien pires que les nôtres, et sont déjà en couple.

Si une personne croit qu'elle n'est pas intéressante parce qu'elle a du surpoids, elle devrait savoir qu'il y a des personnes plus grosses qu'elle, qui ont déjà trouvé un partenaire. Si un jeune homme croit qu'il est célibataire parce qu'il n'a pas un sou, il devrait savoir qu'il y a des personnes plus jeunes et plus fauchés que lui, qui sont en couple. Et ainsi de suite…

Au fait, peu importe la raison ou le défaut que la société nous trouvera pour justifier notre condition de célibat, il faut garder à l'esprit qu'il existera toujours quelqu'un qui est pire que nous, mais qui a réussi à trouver un(e) partenaire.

Il n'y a pas besoin d'être parfait(e) pour trouver l'amour. Si nous voulons faire du sport pour perdre quelques kilos, aller à l'église, soigner notre look ou améliorer notre langage, il faut le faire pour les bonnes raisons. Nous devons le faire d'abord pour nous-même, pour notre bien-être et pour se sentir mieux dans notre peau mais cela ne doit pas être un frein pour trouver le partenaire.

## 5. Pourquoi idéalisons-nous autant les personnes qui nous attirent ?

Nous idéalisons les personnes qui nous attirent, car nous croyons que l'amour est une réponse à la perfection. Nous pensons que toute personne digne de notre amour devrait forcément susciter notre admiration et notre fascination, ainsi que celles de notre entourage. Notre société moderne, régie par des valeurs capitalistes, nous pousse à idéaliser ceux qui « réussissent », et à dénigrer les « perdants ».

La société nous encourage à toujours chercher ce qu'il y a de mieux pour nous. Par exemple, si nous voulons acheter une nouvelle voiture, nous passerons un temps infini sur Internet à comparer les différents choix offerts, par rapport à la qualité et au prix de chaque modèle. Il en sera de même si nous sommes au restaurant. Nous essayerons par tous les moyens de choisir le meilleur plat en fonction de nos moyens financiers.

Cette idée de rechercher le meilleur pour soi-même nous a été transmise par le système de valeur capitaliste, qui promeut la compétition au sein des entreprises, afin que celles-ci puissent offrir le « meilleur choix » aux consommateurs. Nous appliquons le même principe capitaliste dans nos relations amoureuses. Cela consiste à chercher le meilleur partenaire à notre portée que ce soit sur les sites de rencontres ou dans notre entourage direct. Notre imaginaire a été façonné pour que soyons attirés par des personnes qui jouissent de capacités spéciales, la « perle rare ».

Mais alors, me direz-vous, y a-t-il un mal à vouloir chercher le meilleur partenaire ?

A priori non. Seulement, en matière de relations amoureuses, nous finissons toujours par être déçus et frustrés par nos « choix ». Le partenaire idéal, le prince charmant ou notre âme sœur, se révèle moins reluisant, avec des défauts, et beaucoup moins satisfaisant qu'on se l'était imaginé au moment de la rencontre.

On dit que l'amour rend aveugle. Cela est vrai dans un certain sens. Parfois, la passion que nous éprouvons envers les personnes qui nous attirent, nous rend aveugle à leurs défauts. Nous sommes tellement fascinés et sous le charme, que nous oublions que ce sont des êtres humains normaux, avec des qualités et des défauts.

En résumé, nous confondons les causes et les effets. En effet, nous ne sommes pas charmés et attirés parce qu'ils sont parfaits. Au contraire, c'est plutôt parce que nous sommes sous le charme, que nous leur prêtons une certaine idée de la perfection et que nous ne voyons pas leurs défauts. D'autant plus que nous tombons facilement et rapidement sous le charme des inconnus.

## 6. Mais alors pourquoi fantasmons-nous autant sur les inconnu(e)s ?

Les inconnu(e)s sont plus facile à idéaliser.

Pourquoi sommes-nous autant attirés par certain(e)s inconnu(e)s ? Tout simplement parce qu'il nous est plus facile de leur prêter des attributs et des traits de caractères en faisant jouer notre imagination.

Le « film » (voir le chapitre 1) que nous nous faisons sur eux se fait à partir de quelques éléments, parfois minimes, que nous remarquons sur eux. Ces éléments peuvent être : la montre qu'ils portent, la finesse de leurs doigts, la couleur de leurs cheveux, l'intensité de leur regard, leur façon de prendre un verre, etc.

Nos proches, ou d'autres personnes que nous connaissons, n'ont pas cette chance. Nous sommes conscients de leurs limites et de certains de leurs défauts. Nous n'arrivons pas à projeter une idée de perfection sur eux, car notre imagination est limitée par le « vécu » et le poids du quotidien que nous subissons ensemble. Notre imagination s'épanouit plus aisément face à des inconnu(e)s, que ce soient des personnes, des lieux, ou même des objets. C'est d'ailleurs pour cette raison que pour gagner dans le jeu de séduction, il est important de garder un côté mystérieux qui nous rend charmant(e)s aux yeux des autres.

Mais qu'est-ce qui nous dit que cet(te) inconnu(e) est la « bonne personne » ? D'où nous vient cette conviction ?

## 7.  Le règne de l'intuition.

La puissance de la conviction intime est mise au premier plan. Même dans le cas où nos proches désapprouvent le choix de notre partenaire, parce qu'ils ne sont pas convaincus par sa profession ou ses projets, nous pourrons toujours recourir à l'argument suprême de la société moderne en matière de choix du partenaire : le sentiment amoureux. Nous pourrons toujours justifier notre choix parce que nous aimons cette personne, et nous l'avons su dès les premiers instants de notre rencontre.

Personne ne s'y opposera, car l'intuition et la conviction intime sont présentées dans les fictions comme étant une boussole interne qui nous guidera dans le choix de notre partenaire. La société moderne met en valeur cette conviction intime, ressentie par au moins une des deux personnes au moment de la rencontre. À en croire les fictions, il faut respecter ce sentiment et surmonter toutes les barrières qui pourraient bloquer cette relation. Il faut suivre la voie de son « cœur », et donc écouter son intuition, car elle seule est censée nous aider à trouver notre âme sœur.

L'approche de la conviction intime a été adoptée en opposition au mariage de raison, qui impliquait que les familles réunissent les individus pour acquérir ou préserver différents privilèges.

Il est étonnant à quel point cette approche de la conviction intime est radicale, dangereuse et inefficace, car elle tient compte d'un seul facteur : le sentiment généré au moment de la rencontre. Elle ignore les aspects pratiques de la vie. Pourtant, les statistiques démontrent que ces aspects pratiques sont à la source de nombreuses disputes et séparations.

Mais alors, comment vivons-nous ces relations, dans lesquelles nous décidons de nous engager avec de parfaits inconnu(e)s, sur la base d'une intuition ou d'un sentiment ?

## 8.  Le mythe de l'inaccessible : source de frustration.

La société moderne, dominée par le système capitaliste, a produit des individus qui ne savent pas apprécier ce qu'ils possèdent. Au contraire, elle nous a conditionné à désirer et envier ce que nous ne possédons pas.

Pour bien fonctionner, le système capitaliste a besoin de deux types d'individus : les producteurs et les consommateurs. La première catégorie est composée d'une minorité d'individus, qui produisent des biens de consommation pour la masse des consommateurs. Afin d'écouler leurs produits auprès des consommateurs, les industriels nous bombardent de publicités pour nous faire désirer leurs produits, et ce depuis le plus jeune âge.

Les producteurs rivalisent d'ingéniosité pour nous convaincre que nous ne serons jamais vraiment heureux, si nous n'achetons pas tel ou tel produit. Pour nous pousser à acheter, les publicitaires cherchent à créer de la frustration en nous, et nous convaincre par tous les moyens que nous avons besoin de ce produit. La société capitaliste moderne s'arrange pour produire des individus frustrés par leur vie, car c'est seulement à ce prix que l'économie peut fonctionner normalement.

Nous avons donc grandi avec l'illusion que nous ne serons jamais heureux ni satisfaits par nous-mêmes et par les objets que nous possédons déjà. Nous pensons que le bonheur se trouve dans le prochain gadget mis sur le marché ou dans le dernier film qui vient de sortir au cinéma. À la longue, nous avons entretenu en nous une croyance selon laquelle le bonheur se trouve dans les choses que nous ne possédons pas ou que nous ne pouvons pas acquérir. Notre désir s'est retrouvé orienté « dehors », vers ceux qui « ont » ou qui « sont » cette chose que nous n'avons pas. Notre regard se trouve constamment tourné vers cet extérieur, dans lequel nous espérons faire une nouvelle rencontre qui nous tirera de cet état constant d'insatisfaction.

Quand nous étions encore de jeunes enfants, nous étions influencés par les jouets et les gâteaux que nous voyions dans les vitrines des magasins ou à la télé. Ainsi, nous avons grandi dans un monde où nous ne pouvions pas être heureux, tant que nous ne possédions pas tel ou tel jouet. Plus ce jouet était inaccessible, plus celui-ci avait de la valeur à nos yeux.

Ce conditionnement nous a poussés à désirer ardemment les choses que nous n'avons pas, et à négliger et dénigrer celles que nous possédons déjà. Une fois adultes, ces jouets deviennent de grosses voitures, de grandes maisons, de belles vacances sur des îles lointaines et paradisiaques, de gros comptes en banque, et parfois même une grande notoriété.

Il n'est donc pas étonnant qu'avec un tel conditionnement beaucoup de personnes n'arrivent pas à apprécier vraiment leur couple. Elles se comparent sans cesse aux autres couples, et remettent constamment en question leur choix. Ces personnes vivent leur couple comme un fardeau, et prennent pour acquis leur partenaire. Elles espèrent qu'à l'avenir, elles feront une rencontre avec une autre personne qui les rendra enfin heureuses. Elles passent toute leur énergie à rêver du jour où elles rencontreront cet(e) inconnu(e) et à fantasmer sur ses supposées qualités, si bien qu'elles oublient d'améliorer leur réalité actuelle.

# DEUXIÈME PARTIE : QUELS SONT LES FACTEURS D'ATTRACTION ?

Pour expliquer les facteurs d'attraction, je ne vais pas me baser sur les côtés purement superficiels, tels que « *j'aime les filles élancées, avec de longs cheveux et intelligentes* » ou « *je préfère les hommes mûrs avec des abdos, et un vrai potentiel de carrière stable et onéreuse* ». Je vous propose plutôt d'entrer dans le fond du sujet.

Je voudrais aborder les raisons qui nous poussent à choisir « cette » personne, parmi toutes ces filles élancées et intelligentes, et tous ces hommes grands et beaux. Qu'est-ce qui fait qu'il/elle l'emporte sur tous(tes) les autres ? Quel est ce « petit truc particulier » qui le/la rend si différent(e) des autres et si spécial(e) à nos yeux ?

Dans cette partie, je vais exposer tous les facteurs d'attraction qui déterminent avec quelle personne nous choisissons de faire notre vie. J'ai divisé ces différents facteurs d'attraction en trois catégories : 1) ceux mis en avant par le système de valeurs capitalistes, 2) ceux basés sur les « valeurs morales », et 3) ceux réels ou factuels.

# Chapitre 1. Les facteurs d'attraction « vendus » par la société moderne.

En général, nous sommes attirés par les personnes qui ont ce que nous n'avons pas. Nous aborderons en détail ce point dans les prochains chapitres, mais il est important de retenir une chose : nous avons un attrait presque malsain envers les personnes qui ont pu accéder à ce que nous n'avons pas pu avoir. Nous trouvons leur vie merveilleuse, car nous sommes persuadés qu'ils ne vivent pas notre frustration. Nous les surestimons et leur attribuons des qualités excessives.

La société moderne nous façonne à travers les contes, les romans et les films, pour nous transmettre un certain concept de l'amour, selon lequel on ne peut pas parler d'amour sans faire référence au prince charmant.

## 1.  Le concept du prince charmant.

Vous êtes-vous déjà demandé pourquoi les contes de notre enfance ne nous parlent que de princes, de reines, de rois, ou d'autres personnes qui occupent un statut social élevé ? C'est rare que l'on nous raconte l'histoire du fils du boulanger qui se marie avec la fille du forgeron.

La Belle et la Bête, la Belle au Bois Dormant, Cendrillon, Blanche-neige et les Sept Nains, la Reine des Neiges... tous ces titres sont des contes pour enfants qui façonnent leur imaginaire. Dans ces contes, les garçons sont incités à devenir de valeureux princes charmants au service et au secours de leur « belle » princesse.

Très tôt le ton est annoncé. Le garçon devra exercer un certain « pouvoir », peu importe la forme que celui-ci prendra. La petite fille devra avoir de la « grâce », de la « jeunesse », de l'« innocence », et de la « beauté », peu importe la forme que cela prendra dans la vie réelle.

Quels sont alors ces traits de pouvoir et de beauté vendus à travers les contes de la culture moderne ? Quelle image doit être véhiculée par les garçons et les filles qui nous fascinent et nous attirent ?

## 2. Les 5 caractéristiques du Prince Charmant et de la Princesse modernes.

Pour qu'une personne puisse faire l'objet de notre admiration selon les critères sociaux actuels, elle doit généralement présenter au moins une des 5 caractéristiques suivantes. Notons d'abord que le/la candidat(e) peut manquer 4 de ces 5 caractéristiques, mais il/elle doit compenser de manière inversement proportionnelle par une seule, qui la rendra remarquablement attirante.

### a. La beauté physique.

La beauté physique est l'une des cinq caractéristiques que doit présenter la personne qui nous attire. Elle se définit selon différents critères au sein des différentes cultures, mais certains critères sont quasi-universels.

De manière générale, la beauté physique s'exprime chez les hommes par une force physique, représentée par un corps athlétique. Dans notre subconscient, la force physique masculine représente une forme de protection face à un potentiel danger. Un corps athlétique symbolise aussi une idée de persévérance, de discipline et maîtrise de soi, puisque tout le monde sait que, pour y parvenir, il faut passer par des heures d'exercices et avoir un mental d'acier. De larges épaules, un torse musclé et un menton carré sont des signes de bonne santé physique.

Chez les femmes par contre, la beauté physique s'exprime par un visage avec des traits fins et symétriques (style « baby face »), et des mains et des pieds fins. Ces traits doux et chaleureux représentent la tendresse et le confort qui rassurent les hommes. Les autres caractéristiques physiques, telles que la taille des seins, des fesses, des jambes, des hanches, la forme du dos ou du cou, sont des signes indicateurs de fécondité, qui créent ou non chez les hommes une attirance, selon leurs idéaux ou critères culturels de beauté.

Ainsi, de manière générale, les critères de beautés physiques chez l'homme sont des formes carrées, tandis que chez la femme, ce sont des formes arrondies.

### b.  Le succès financier.

Réussir financièrement ou provenir d'une famille aisée et fortunée, est également un des facteurs d'attraction. Cette fascination, un peu taboue et inavouable, que nous avons envers la réussite financière, répond à des peurs ancestrales que nous partageons tous : la peur de l'extinction et de perte d'autonomie.

La réussite financière nous met à l'abri du besoin, et de la contrainte de faire un travail que nous n'aimons pas, juste pour gagner un petit salaire à la fin du mois. Ceux qui sont financièrement indépendants sont perçus comme des privilégiés, qui ont le loisir d'utiliser leur temps comme ils le souhaitent, sans aucune limite pour acquérir ou faire ce qu'ils veulent.

La promesse et le potentiel d'une réussite future peuvent aussi contribuer à créer une attirance envers les autres. Nous pouvons être attirés par une personne qui présente un avenir très prometteur dans les affaires ou une carrière très brillante.

Il s'agit dans ce cas-là de pure spéculation, au lieu de se mettre avec quelqu'un qui est déjà riche, on s'engage avec quelqu'un dans l'espoir qu'il le deviendra un jour. C'est donc une forme de gestion de risque qui s'apparente aux spéculations boursières.

### c.   L'influence sociale.

Nous sommes parfois attirés par des personnes que nous trouvons « cool », parce qu'elles trouvent grâce aux yeux des autres. Ce sont des personnes qui jouissent d'un certain charisme auprès de leurs pairs. Elles sont écoutées, appréciées et admirées, au sein de leur milieu d'influence, tel que l'université, l'église, le bureau, les réseaux sociaux, les médias, le parti politique, etc.

Généralement, nous faisons confiance au jugement des autres. Il n'est donc pas étonnant que nous soyons attirés par une personne appréciée des autres, surtout si nous partageons les mêmes valeurs que ce groupe d'individus qui l'apprécient.

En résumé, une personne peut nous attirer, parce qu'elle possède ce seul trait : un statut social qui lui donne accès à des connexions et un large réseau d'amitié et d'entraide.

### d.   Occuper une haute position dans une carrière ou un hobby.

Atteindre les sommets dans une quelconque carrière est également une des caractéristiques qui attirent les autres. Ce peut être une carrière sportive, musicale, militaire, académique, politique, artistique, dans le cinéma, la finance, l'alpinisme, l'informatique, etc. Peu importe la carrière, la culture ambiante nous pousse à admirer ceux qui deviennent des champions dans leur domaine.

Les personnes talentueuses, qui réussissent dans leur domaine, tout en attirant les foules, exercent donc un attrait encore plus puissant envers nous, puisqu'elles réunissent deux caractéristiques d'attraction.

Mais d'où nous vient cette mentalité d'admirer les personnes qui réussissent leur carrière ? Rappelez-vous l'admiration et la fierté qu'éprouvaient les parents des premiers de la classe. Très tôt, le système scolaire encourage la compétition, et apprend au jeune enfant qu'il ne sera aimé et valorisé par les enseignants, que s'il est premier en classe. A leur tour, les parents lui promettent des récompenses s'il excelle à l'école.

Que retient l'enfant ? L'enfant retient qu'il lui faut gagner la compétition contre ses camarades de classe, pour être suffisamment aimé, valorisé en société et ainsi rendre fiers ses parents, qui sont à ce moment-là sa seule source d'amour. Ainsi, une fois devenu adulte, il se battra pour réussir sa carrière afin d'être valorisé et gagner en attirance.

### e.   Jouir d'une grande intelligence.

Quelqu'un qui tient un discours intelligent, charismatique, substantiel et logique, suscite enfin une certaine forme d'admiration. L'intelligence représente à l'époque moderne, ce que les muscles représentaient à l'époque préhistorique.

Quelqu'un d'intelligent, sage et avisé représente pour nous, non seulement de meilleures chances de survie, mais aussi une assurance de vie meilleure et d'adaptation à ce monde en constante évolution, et dont il est difficile de saisir le rythme. En vivant aux côtés d'une personne intelligente, nous pensons que nous serons mieux conseillés et à l'abri des mauvaises décisions et de leurs conséquences.

### f.   Conclusion sur les 5 caractéristiques du Prince Charmant et de la Princesse modernes.

Bien évidemment, peu de personnes remplissent ces cinq caractéristiques vendues par la société. Cela est bien souvent réservé aux célébrités, politiciens, athlètes, ou artistes. En général, nous sommes en couple avec des personnes « normales », que nous serions prêts à quitter si une célébrité que nous admirons venait à nous faire des avances. Mais nous sommes conscients de la faible probabilité que cela nous arrive un jour. Donc nous essayons de projeter sur nos partenaires un potentiel de ces 5 attributs, qu'ils pourraient avoir dans l'avenir.

Mais alors, que faisons-nous pour trouver un partenaire « normal » ? Quels sont nos critères de sélection ? Pourquoi choisissons-nous tel partenaire plutôt qu'un autre ?

## Chapitre 2 : Qui sont ces Princes Charmants et ces Princesses des temps modernes ?

Nous passons la majeure partie de notre vie d'adulte à chercher le bonheur. Celui-ci se résume en trois mots simples : popularité, pouvoir et argent. Mais à l'époque moderne, la recherche du bonheur implique aussi une quatrième composante : la recherche de l'amour.

Pour trouver l'amour, nous cherchons quelqu'un qui pourra partager notre vie et nous permettra d'atteindre le bonheur. Nous cherchons une personne qui possède ce « petit truc » qui nous manque, pour compléter notre vie et la rendre totalement parfaite. Quelqu'un qui représente à nos yeux une des trois composantes que notre société a édictées (popularité, pouvoir et argent), mais qui, en même temps, nous fera nous sentir admirés, appréciés et importants.

Parfois, nous ne possédons aucune de ces trois composantes. Nous ne sommes ni populaire, ni riche, ni puissant. Alors, nous projetons un de ces attributs sur la personne qui nous attire. Elle devient comme la star de notre vie.

Comme nous l'avons vu dans la partie précédente, en amour comme dans la vie, nous sommes attirés par des personnes qui possèdent ce que nous n'avons pas, et que nous aurions aimé avoir. Nous les admirons encore plus quand nous avons l'impression que ces personnes n'ont fourni aucun effort pour avoir une qualité ou un attribut que nous ne pourrions jamais acquérir.

# 1.  Les héros libres et indépendants.

Nous vivons à une époque où le summum de l'accomplissement personnel signifie être autonome et indépendant. La société moderne a érigé l'indépendance et l'autonomie comme des trophées qu'il nous faut atteindre pour enfin connaître le bonheur. Nous y croyons, et chacun d'entre nous aspire à une forme de liberté et d'indépendance dans des domaines divers de la vie.

Les domaines varient en effet. Parfois, nous voulons nous libérer de lourdes contraintes sociales qu'impose un certain standing de vie. D'autres fois, nous voudrions atteindre une certaine indépendance financière, pour ne plus être obligés d'aller travailler chaque matin et faire ce qu'on aime vraiment. Dans tous les cas, nous croyons que la liberté et l'indépendance sont les conditions requises pour pouvoir s'épanouir et jouir de la vie. Nous pensons que, grâce à ces deux éléments, nous pourrions faire les choses que nous aimons, et ainsi, rendre notre vie beaucoup plus agréable.

Selon l'image véhiculée par la société moderne, une personne qui réussit est autonome et n'a besoin de personne. C'est quelqu'un qui s'est construit tout seul, sans aide, et qui arrive à réaliser des choses seul, sans chercher assistance.

Notre société évolue dans le mythe du « self-made man », selon lequel le héros est indépendant de tout. Il est arrivé à gagner des millions, sans l'aide de personne. Dans la vie quotidienne, ce héros est un « bricoleur-débrouillard » qui sait tout faire, tout seul, à la maison.

Le Prince Charmant des temps modernes est donc un héros qui contrôle et maîtrise la situation. Contrairement au Prince Charmant de Walt Disney, qui a « hérité » de ses privilèges, le Prince Charmant moderne doit fournir un travail discipliné et acharné, sans l'aide de personne. Par exemple, les émissions de télé-réalité, les séries télévisées et autres films à grand budget, mettent souvent en scène des héros, qui savent se sortir de situations difficiles tout seul, sans appeler au secours.

Le contexte dans lequel nous vivons, nous incite à aimer et désirer la liberté. Ainsi, nous admirons ces femmes et hommes libres et indépendants, car l'indépendance et la liberté sont considérées comme les attributs d'une personne sexy et cool.

Cette idée du héros libre et indépendant, qui maîtrise et contrôle tout, est à la base de plusieurs drames dans les relations amoureuses. En effet, les gens en couple, ou ceux qui aspirent à trouver l'amour, essayent constamment de jouer aux héros libres et indépendants, et ils finissent déçus et aigris parce que la vie de couple exige de lâcher sa liberté et son indépendance.

En effet, les exigences et les obligations qu'entraîne le choix d'une à deux, contrastent fortement avec l'idéal de liberté et d'indépendance vendu par la société moderne.

La racine du problème se trouve dans le fait que, souvent, quand on nous parle d'histoires fabuleuses et héroïques, on oublie de mentionner que derrière chaque succès individuel, il y a un contexte social pour justifier et expliquer le résultat.

## 2.  Le héros et son équipe.

Au fond, ce qui dérange avec le mythe entretenu par notre société moderne, c'est que nous avons souvent tendance à mettre le « héros » sur le devant de la scène, et oublier « l'équipe » derrière son succès. Ainsi, à force d'être constamment exposés à des messages mettant en avant des individus exceptionnels, capables d'accomplir des exploits sans assistance particulière, nous cherchons inconsciemment à leur ressembler, et ce dès le plus jeune âge.

Cependant, on oublie très souvent de mentionner, par exemple, que même les plus grands sportifs ont des coaches, des médecins, des sponsors, et tout un tas de soutiens, qui ont rendu leur succès possible. Ou encore, on oublie que les grands milliardaires américains ne le seraient pas devenus, s'ils avaient évolué en Corée du Nord.

Cet « oubli » est donc à la base du drame de la société actuelle. Chacun veut vivre sa vie comme un « héros » autonome et indépendant, car l'idéal à atteindre est d'accomplir des exploits, tout seul.

## 3.  La différence entre le héros moderne et celui du Moyen Âge.

Nous faisons face à un paradoxe d'une nature particulière. D'une part, notre nature humaine, notre moi profond, nous pousse à chercher et à désirer la connexion avec d'autres personnes. Ce désir d'intimité est tellement puissant, que nous nous sentons incomplet, tant que nous n'avons pas trouvé la personne « idéale ». D'un autre côté, nous voulons ressembler à nos héros. Nous voulons nous débrouiller seul, n'avoir besoin de personne, et être applaudis et admirés par le monde entier, que nous admirons en retour.

Contrairement aux héros du Moyen Âge prêts à se battre contre les pires monstres pour sauver leur princesse, le héros actuel, lui, n'a besoin de personne. Il n'a pas besoin du bisou de la princesse pour se sentir validé et aimé. Ce héros des temps modernes a d'autres préoccupations plus importantes. Il doit sauver le monde entier pour une grande cause, se battre pour défendre l'environnement, ou encore sauver le monde politique.

Le héros du Moyen âge est angoissé à l'idée de ne plus revoir sa dulcinée, il n'a pas peur d'aimer.

D'ailleurs, il ne remarque pas la fameuse princesse pour sa grâce et sa beauté. Le héros moderne la remarque en essayant de sauver le monde : soit elle est parmi les victimes, soit elle est une alliée qui tente de sauver le monde à ses côtés.

La vraie différence entre le héros d'antan et le héros moderne, réside dans leur style d'attachement. En effet, le héros du Moyen-Âge est angoissé à l'idée de ne plus revoir sa dulcinée, il n'a pas peur d'aimer, il veut prouver son amour ainsi que sa valeur. Il n'hésite pas à voler au secours de sa dulcinée pour prouver son attachement. Le sentiment amoureux éprouvé pour elle était la source de sa motivation. Il courait des dangers considérables, simplement parce qu'il était attaché à elle. Le héros du Moyen âge tombe amoureux et cherche la réciprocité de celle qu'il a choisie. Il sera probablement choisi parmi plusieurs prétendants.

Tandis que le héros actuel ne s'attache pas aussi facilement. Il est dans l'évitement, il prend des risques, parce qu'il est dévoué à une cause, pas parce qu'il est amoureux ou qu'il cherche à impressionner une fille. Le héros actuel suscite l'admiration de tous, toutes les filles de la ville rêvent de lui, c'est une star. Il n'aura qu'à choisir parmi toutes celles qui l'admirent. C'est lui qui choisit parmi plusieurs prétendantes, il ne se bat pas pour être accepté, il n'a pas besoin de prouver sa valeur. Il finira par rencontrer celle qu'il sauvera ou qui l'aidera à sauver le monde. La personne aimée n'est plus la source qui inspire l'action du héros.

## 4. Le héros moderne ne s'attache pas.

Les personnes qui nous attirent, sont souvent celles qui semblent bien pouvoir se passer de nous. Elles ont une vie qui nous paraît tellement intéressante et excitante, qu'elles n'ont pas le temps de penser à de « simples gens » comme nous. Ces personnes sont tellement occupées à mener des luttes importantes pour le bien de l'humanité, que ce serait un honneur si elles nous adressaient la parole.

Vous comprenez donc pourquoi nous avons une fâcheuse tendance à snober automatiquement toute personne qui montre de l'intérêt et de la disponibilité pour nous. Ainsi, dès qu'une personne se montre accessible, disponible et intéressée, nous la dénigrons, parce qu'elle ne correspond pas à l'image véhiculée par la société : « Il/elle a besoin de moi ? Il/elle n'est donc pas le héros/l'héroïne que je m'étais imaginé(e) ».

Notre héros est celui qui ne cherche pas l'amour, car il n'en a pas besoin. Les gens l'aiment beaucoup, tandis qu'il aime l'humanité en général. S'attacher à une seule personne reviendrait à sacrifier l'énergie, le temps et les moyens qu'il était censé consacrer à sa mission.

Mais d'où nous vient cette idée que quelqu'un qui a besoin d'amour est l'antithèse du héros ? Pourquoi avons-nous un manque de respect envers les personnes qui ont « besoin » de nous, de notre amour et notre présence ? Pourquoi sommes-nous allergiques à la dépendance et à tous ceux qui pourraient dépendre de nous ?

## 5. Pourquoi chercher l'amour est perçu comme un signe de faiblesse ?

Quand quelqu'un cherche à nous séduire, nous interprétons cela comme étant un signe révélateur de désespoir. Alors, nous les fuyons comme nous fuyons les mendiants dans la rue, car à nos yeux, ce sont des mendiants de l'amour. Encore une fois, nous transposons notre vision capitaliste du monde sur les relations. Nous pensons que nous serions perdants dans cette relation, car ces « mendiants » n'ont pas grand-chose à offrir dans la vie réelle ou en amour.

De manière générale, nous fuyons les mendiants en tout genre, car ils représentent deux concepts que nous essayons tous d'éviter : la dépendance et le besoin.

Nous vivons dans une société qui abhorre la dépendance. Elle nous est souvent présentée comme une tare. En effet, elle comporte en elle une connotation négative. Quand on pense à la dépendance, on pense automatiquement à la destruction.

La forme de dépendance qui nous vient directement à l'esprit, est la dépendance aux substances dites « addictives », telles que l'alcool, la cigarette, et autres drogues illicites. Nous pensons également à la dépendance aux jeux de hasard, comme comportement déviant et néfaste pour nous et notre entourage. Nous pensons à certains pères de famille ruinés par les paris sportifs, ou bien à ces gens qui ont tout perdu lors d'une soirée au casino, et qui ne savent plus comment s'arrêter.

Nous définissons donc la dépendance comme une perte de contrôle. C'est quand on ne peut plus se passer de quelque chose. Il s'agit d'une dépendance maladive, où nous n'avons plus le contrôle sur notre envie ou notre besoin de fumer, de boire ou de jouer au casino.

Il est donc légitime que la société moderne nous invite à garder le contrôle de notre esprit et nos actions. Par exemple, aucun parent ne souhaiterait voir son enfant tomber sous l'emprise de la drogue.

Mais au fond, quelle est la forme de dépendance dont nous avons le plus peur ? Pourquoi, par exemple, chaque parent a peur que son enfant devienne dépendant aux drogues ? Au-delà des questions de santé mentale et physique, qu'est-ce qui gêne vraiment et pose problème ?

Ce qui pose problème à chaque parent, c'est que son enfant risque deux formes de dépendance. D'une part, il risque de devenir dépendant des substances qu'il consomme. Mais d'autre part, il risque de rester dépendant de ses parents et de son entourage, pour subvenir à ses besoins primaires, tels que se loger et se nourrir. Ainsi, le parent acceptera plus facilement que son enfant soit dépendant des substances, s'il est capable de gagner sa vie. En effet, tout parent souhaite que son enfant se développe, grandisse et puisse subvenir à ses besoins. Qu'il soit autonome et libre à un certain âge.

La dépendance envers les êtres humains est celle qui dérange le plus, et cela peu importe le contexte. Que ce soit à l'échelle internationale ou individuelle, ce principe s'applique de la même manière. Par exemple, chaque pays essaie d'accéder à une certaine forme d'autonomie et d'indépendance envers les autres pays. Sur le plan individuel, chaque personne cherche un moyen pour dépendre le moins possible des autres.

Rappelez-vous combien il vous est difficile de solliciter de l'aide ou de demander un service. Rappelez-vous combien il vous est compliqué de demander de l'argent à quelqu'un, et le sentiment d'être rabaissé et diminué dans votre estime à chaque fois que vous le faites.

Nous préférerions programmer des machines et des applications pour combler nos besoins, plutôt que d'avoir recours à un être humain.

Selon la société moderne, le fait de demander de l'aide à une personne, avoir besoin ou dépendre de quelqu'un, devrait être vécu comme un échec. En effet, avec sa vision matérialiste et individualiste du super héros, la société moderne nous invite, de manière voilée, à dénigrer toute personne en situation de dépendance. Cette mentalité nous pousse à regarder toute personne en situation de dépendance, comme un être inférieur, un inadapté, ou encore un anti-héros. Les mendiants, les pauvres, les réfugiés, et toutes les autres personnes en situation de dépendance financière, font les frais de cette vision du monde.

La solution, offerte par notre société capitaliste, est de tout faire pour se procurer de l'argent. Si nous y parvenons, nous n'aurons « besoin » de personne, et nous éviterons donc les humiliations subies par les mendiants et autres. Avec l'argent, nous préserverons notre dignité et notre indépendance. Nous pourrons nous vêtir, nous loger, nous déplacer et gagner en respectabilité.

Cela est vrai dans plusieurs contextes de la vie sociale, mais pas dans le contexte des relations amoureuses, car celui-ci change la donne. L'argent peut permettre d'attirer de potentiels partenaires, mais il ne permet pas de résoudre un problème de taille. Quoique nous fassions, nous aurons toujours besoin que la personne que nous aimons, nous témoigne en retour quelques marques sincères et authentiques d'affection.

## 6. En amour, les mendiants et les rois sont tous égaux.

Il y a une différence entre « réussir sa vie » et « réussir dans la vie ».

« Réussir dans la vie » fait référence à la réussite professionnelle. C'est réussir sa carrière, progresser dans son statut social, c'est se sentir plus respecté, plus intégré, plus digne et, effectivement, être à l'abri du « besoin ». C'est quand nous n'avons plus besoin de nos parents ou de l'État pour subvenir à nos besoins. Avec la réussite professionnelle, nous nous sentons habités par un sentiment d'indépendance envers la société. Nous devenons des héros libres et indépendants aux yeux de la société.

« Réussir sa vie » fait référence à notre sentiment de bonheur personnel. C'est être comblé sur le plan intime, réussir les relations entretenues avec son conjoint, ses enfants, ses parents, etc. Plus généralement, c'est réussir à entretenir des interactions de bonne qualité avec les êtres humains qui nous entourent. C'est compléter leurs besoins affectifs, et se sentir comblé en retour.

Par rapport au mendiant ou toute personne en situation de précarité, le roi, le banquier ou le chef d'entreprise peuvent dire qu'ils ont réussi dans la vie, car ils ont réussi à acquérir un statut social beaucoup plus élevé que le mendiant.

Par contre, en ce qui concerne les relations amoureuses, les deux catégories font face aux mêmes difficultés. Ils éprouvent tous le besoin de se sentir aimés, appréciés et admirés. Tous ont autant besoin d'être aimés, qu'ils ont besoin de boire et de manger. Sur ce terrain-là, ils sont tous égaux.

Le drame de notre société actuelle est que nous aspirons tous à combler nos besoins primaires, parce qu'ils sont impératifs, mais nous ne savons pas comment reconnaître et combler nos besoins affectifs.

## 7.  Amour et dépendance : La cohabitation

Le problème avec l'attirance et les relations amoureuses, c'est qu'on se sent prisonnier de la personne qu'on aime. En effet, nous dépendons de la personne aimée pour combler nos besoins affectifs.

Nous avons toujours envie que cette personne aimée nous appelle et nous témoigne des signes d'affection. Mais en même temps, nous

nous en voulons et nous avons honte de ressentir ce besoin. Nous voudrions être libres de ce besoin ressenti, libres de ce désir d'être aimés en retour, et libres de cette envie d'être rassurés que la relation est réciproque.

Nous avons honte de ressentir ce besoin de réciprocité, car nous le trouvons dégradant et humiliant. Il nous met dans un état de dépendance, que nous voulons éviter à tout prix. Au fond, nous voudrions garder le contrôle de la situation et de nos sentiments. Mais avec le sentiment amoureux, les sentiments deviennent intenses, et le contrôle de la situation nous échappe. Nous nous sentons alors perdus.

Nous nous en voulons à nous-même, et nous en voulons à la personne aimée de nous faire ressentir un tel enfer. Nous ne pouvons supporter le fait que notre bonheur dépende d'une seule personne. Nous nous en voulons donc de ne pas être indépendants, mais nous lui en voulons aussi de ne pas nous rassurer à ce sujet. Ainsi, nous nous retrouvons dans une situation où nous détestons les deux êtres qui nous sont le plus chers : nous-même et la personne qui nous attire.

Que faire alors quand nous aspirons à la liberté, l'indépendance et l'autonomie, alors que notre nature nous a conçus avec des besoins affectifs, dont nous dépendons auprès de nos proches et de ceux que nous aimons ?

## 8. Peut-on concilier dépendance et indépendance : le cercle vicieux.

Prenons l'exemple d'une jolie jeune femme, libre et indépendante, capable de subvenir à ses besoins primaires et matériels. Une jeune femme qui n'a « besoin » de personne. Cette image est généralement considérée comme sexy et cool. Imaginons que cette femme tombe amoureuse d'un homme séduisant et indépendant lui aussi. Une fois en couple, elle aura « besoin » d'une petite attention de la part de son amoureux pour se sentir comblée. Si son amoureux ne lui montre pas cette petite marque d'attention (un appel, un p'tit message, etc.), elle se sentira malheureuse et lui fera des reproches, parce qu'il ne l'a pas contactée durant la journée. Un appel de sa part lui aurait donné le sourire, un petit « je t'aime » l'aurait rendue heureuse pour la journée.

Voilà comment notre indépendante jeune femme tombe dans le piège. Elle dépend maintenant d'une autre personne pour se sentir heureuse. Elle s'en veut de « dépendre » de cet homme. Elle est obligée de lui avouer qu'elle a « besoin » de ses appels pour se sentir bien. Elle enrage, car il lui semble que ce n'est pas réciproque. Cet homme ne lui donne pas l'impression d'avoir « besoin » de ses appels, pour se sentir bien. Elle se déteste et elle le déteste aussi. Elle lui en veut d'être tombée dans le piège.

Pourtant, rappelez-vous que nous aimons les « héros » libres et indépendants. Ce qui l'a attiré en lui, c'était justement qu'il donnait l'impression de ne pas avoir « besoin » d'elle. Elle trouvait que son indépendance et sa liberté étaient sexy et cool. Et maintenant qu'elle est avec le « héros », elle s'en veut qu'il ne l'appelle pas à longueur de journée. Elle lui en veut aussi de ne pas satisfaire tous ses besoins affectifs.

Au final, les raisons qui l'ont attiré vers cet homme, sont les mêmes qui la rendent malheureuse maintenant. Elle voudrait qu'il soit un peu plus attentionné. Pourtant, s'il l'avait été dès leur première rencontre, elle l'aurait trouvé trop disponible et accessible, et donc moins intéressant. S'il s'était montré très attentionné dès le départ, elle ne serait pas avec lui à l'heure actuelle. Elle se serait dit qu'il a besoin d'elle, et serait partie à la chasse d'autres hommes plus intéressants, plus challengeants et plus excitants. Un cercle vicieux…

D'où nous vient donc cette tendance à fuir et nous éloigner des personnes accessibles, disponibles et prêtes à nous aimer ? Pourquoi fuyons-nous, presque automatiquement, ceux qui sont prêts et disposés à nous offrir l'amour que nous cherchons tant ? Pourquoi pensons-nous que nous méritons toujours mieux que la personne disposée à nous aimer ?

# Chapitre 3 : Les facteurs d'attraction basés sur « les valeurs morales » ou superficielles.

Parfois, pour faire bonne figure, nous prétendons que nous sommes attirés par les valeurs morales des individus que nous fréquentons régulièrement ou que nous rencontrons quotidiennement. Mais en réalité, sur quels critères les gens se basent-ils pour juger un(e) inconnu(e) qu'ils viennent de croiser dans une soirée, ou sur un chat en ligne ?

La réponse à cette question peut bouleverser ou challenger notre vision du monde. Mais elle est essentielle, car elle permet de comprendre pourquoi nous donnons des chances à certains individus, et pas à d'autres.

Les psychologues s'accordent à dire que, lorsque l'on rencontre quelqu'un pour la première fois, nous nous posons tous inconsciemment deux questions : Puis-je faire confiance à cette personne ? Puis-je respecter cette personne ?

En effet, à chaque fois que nous rencontrons une nouvelle personne, nous nous demandons si elle mérite vraiment notre confiance et notre respect. Ce sont les réponses accordées à ces deux questions, qui déterminent l'attitude que nous allons avoir envers cet(te) inconnu(e). Étant donné que nous disposons de moyens limités pour évaluer le degré de confiance et de respect que nous pouvons lui attribuer, nous n'avons pas d'autre choix que de nous baser sur notre instinct.

Tous les moyens sont bons. Nous le passons à la loupe. Nous jugeons ses habits, ses chaussures, sa coupe de cheveux, son sourire, son accent, son teint, son allure, le ton de sa voix, etc. C'est en évaluant tous ces indicateurs, que nous décidons intérieurement de l'attitude à adopter.

Mais au fond, quel sens donne-t-on à ces deux mots ? Que veut-on vraiment dire par confiance et respect ?

En parlant de relations interpersonnelles, la confiance est généralement définie par une croyance spontanée ou acquise en la valeur morale, affective, professionnelle, etc., d'une autre personne, qui fait que l'on est incapable d'imaginer de sa part tromperie, trahison ou incompétence.

Le respect, quant à lui, est défini par un sentiment qui incite à traiter quelqu'un avec égard et considération, en raison de son âge, sa position sociale, sa valeur ou son mérite.

## 1. La confiance.

De manière générale, la confiance que nous accordons aux gens que nous venons de rencontrer, dépend des similitudes que nous trouvons en eux. Nous avons en nous une sorte de « radar interne », qui nous pousse à rechercher des points communs avec l'autre. Ces points communs vont nous emmener à lui faire confiance. Plus on en trouve, plus on est enclin à lui faire confiance, car on se sent à l'aise et plus proche.

Par exemple, lors d'une fête, les jeunes enfants auront tendance à vouloir jouer avec d'autres enfants de la même tranche d'âge. Les adultes, eux aussi, vont faire de même et converser avec d'autres adultes. Les dames parleront plus aisément entre elles, et les hommes seront plus à l'aise avec d'autres hommes.

Prenons un exemple plus révélateur. Durant un voyage en Afrique, un japonais aura davantage tendance à faire confiance à un autre japonais qu'il vient de rencontrer, alors qu'ils ne se seraient jamais remarqués chez eux au Japon. En effet, quand on est loin de chez soi, nous avons plus tendance à faire confiance à ceux qui partagent nos origines et notre langue, car nous pensons que nous partageons les mêmes valeurs ou la même vision du monde. L'exemple le plus connu est celui de deux touristes américains qui se rencontrent à Paris, l'un d'entre eux pourrait conseiller des restos ou des endroits à visiter et le deuxième aurait plus facilement confiance en ses goûts et préférences parce qu'il se dit qu'ils partagent la même vision du monde

Ces similitudes, qui nous poussent à avoir confiance en quelqu'un, peuvent prendre plusieurs formes. Elles peuvent être le partage d'une même langue, d'une même couleur de peau, de valeurs, d'une religion ou d'un système de croyance commun, ou tout simplement le partage de mêmes origines. Par exemple, nous pouvons automatiquement penser que quelqu'un ne nous trahira jamais, simplement parce que nous partageons les mêmes croyances religieuses ou la même vision du monde.

Les critères de sélection sur lesquels nous basons notre degré d'ouverture et de confiance envers un(e) inconnu(e), dépendent aussi du contexte ou de la situation dans laquelle nous nous trouvons.

Par exemple, dans certains États américains, un jeune noir aura peu confiance face à un homme blanc en uniforme de police. Il pourrait même craindre pour sa vie, surtout si l'interpellation a lieu la nuit et en absence de témoin.

## 2. Le respect.

Le respect que nous avons envers un(e) inconnu(e), dépend souvent de notre système de valeurs et de croyances. L'environnement dans lequel nous avons évolué, détermine ainsi le degré de respect que nous allons accorder à un(e) inconnu(e).

Par exemple, certaines cultures accordent beaucoup de respect aux personnes âgées. Elles apprennent à leurs enfants à traiter les plus âgés avec énormément d'égards. Tandis que d'autres cultures accordent plus de respect aux soldats, qui se battent pour leur pays. Ils suscitent un sentiment nationaliste ou patriotique, et la vue de ces hommes et femmes en uniforme leur inspirent une forme d'unité et de fierté pour leur pays. D'autres cultures encore ont tendance à respecter ou à dénigrer quelqu'un selon ses origines. Par exemple, le système de castes en Inde détermine le niveau de respect d'un individu selon sa caste d'origine. L'ordre social est conçu ainsi.

La culture moderne, hautement influencée par une vision capitaliste, a tendance à sublimer les « mérites » de l'individu. Aux États-Unis par exemple, les « self-made man » sont perçus comme les héros des temps modernes, surtout s'ils sont issus de familles pauvres et ont bâti un empire financier à partir de rien. Les médias les présentent comme des modèles pour la société, et encouragent tous les citoyens à suivre la même voie.

C'est donc premièrement à travers l'apparence que nous évaluons les inconnu(e)s. C'est leur apparence qui détermine le niveau de confiance et de respect accordé.

Mais au-delà de l'apparence, comment faisons-nous pour évaluer le degré de confiance ou de respect accordé ? Nous posons la question sociale qui fâche.

### 3. La question sociale qui fâche : « Alors, tu fais quoi dans la vie ? »

Lors d'une soirée ou d'un chat en ligne, au moment où nous engageons la conversation pour la première fois avec quelqu'un, l'une des premières questions posées est celle-ci : « Alors, tu fais quoi dans la vie ? ». Cette question permet de se faire une idée sur le degré de confiance et de respect que nous pouvons accorder à cet individu.

Nous utilisons cette question comme un scanner dans nos têtes. La réponse donnée détermine si cet(e) inconnu(e) « vaut » vraiment la peine qu'on lui accorde de l'importance, ou qu'on s'attache un peu plus. Ce que cette personne fait dans la vie semble donc jouer un rôle important dans notre imaginaire. Nous trouvons l'inconnu(e) plus ou moins intéressant(e), selon son emploi du temps.

Je sais que vous pensez que c'est faux, qu'on juge les gens sur leurs valeurs morales, leur honnêteté, leur loyauté, leur caractère, etc. Vous pensez qu'on ne juge pas quelqu'un sur son travail ou son occupation. J'ai conscience que cette réflexion gêne, car elle va à l'encontre de l'idée selon laquelle nous jugeons les valeurs morales de l'individu, et non pas son occupation.

Bien que cela soit gênant, réfléchissons plutôt aux raisons qui font que, après les présentations, la première question qui nous vient aux lèvres est toujours la même : « Alors, tu fais quoi dans la vie ? » Pourquoi, par exemple, les premières questions posées aux nouvelles rencontres ne concernent pas leur croyance en Dieu, leur opinion politique, leurs goûts musicaux, leurs relations familiales, etc.

Nous ne leur posons pas ces questions, simplement parce qu'elles ne répondent pas aux deux questions initiales autour de la confiance et du respect. Bien sûr, nous leur poserons bien d'autres questions un peu plus tard, si la relation continue. Mais visiblement, c'est leur occupation qui nous donne une idée réelle de la valeur que nous pouvons leur accorder.

Au fond, nous posons cette question parce que, selon le système capitaliste actuel dominant, l'occupation ou la carrière professionnelle nous révèle des indices suffisants sur les inconnus que nous rencontrons. Cela nous permet de savoir si nous voulons aller plus loin avec eux, ou si nous devrions nous méfier.

Par exemple, si vous découvrez que l'inconnu occupe une fonction à hautes responsabilités, cela vous indiquera qu'il a su gagner la confiance des autres, puisqu'il occupe un poste prestigieux. La compagnie dans laquelle il travaille, vous donnera aussi une idée sur le niveau de son salaire. Enfin, à travers son travail et ses responsabilités, vous aurez une idée sur son niveau d'éducation et le diplôme qu'il a obtenu.

Par contre, si l'inconnu est un artiste indépendant – photographe, peintre, un écrivain ou un musicien – vous le trouverez probablement courageux et assez sûr de lui. Vous penserez peut-être qu'il est un peu original, limite marginal ou poète dans l'âme. Vous vous direz aussi que c'est un incompris, qui n'a pas reçu d'encouragements de la part de son entourage. Vous aurez tendance à croire qu'il n'arrive pas à vivre de son art, et qu'il a du mal à joindre les deux bouts.

À l'inverse, si l'inconnu est étudiant, son domaine d'études vous indiquera ses passions et ses ambitions. Vous vous direz qu'il est jeune et qu'il a encore l'avenir devant lui. Par exemple, la réputation de son université, vous donnera des indices sur les moyens financiers de ses parents. Dans le cas où il a reçu une bourse d'étude, vous conclurez que son intelligence est un peu au-dessus de la moyenne.

Enfin, si l'inconnu est policier ou militaire, vous vous direz qu'il est discipliné et structuré, qu'il dispose d'un salaire stable, et d'une carrière prometteuse. Vous envisagerez déjà de l'appeler en cas de soucis.

A travers mes expériences personnelles et professionnelles, j'ai pu distinguer les types de personnalités qui s'attirent le plus. Le plus souvent, nous cherchons en l'autre ce que nous n'avons pas. Celui qui a la stabilité, cherche celle qui a l'indépendance. Tandis que celle qui a un travail bien rémunéré mais sans enjeux, cherche celui qui fait un travail créatif.

En conclusion, quand vous rencontrerez vos beaux-parents pour la première fois, ou un(e) bel(le) inconnu(e), et qu'ils vous poseront cette dérangeante question – « Alors tu fais quoi dans la vie ? » – n'oubliez pas que votre réponse va déterminer le niveau d'intérêt initial qu'ils auront pour vous. Leur attitude envers vous sera donc dramatiquement influencée par la réponse que vous donnerez.

# Chapitre 4. Les facteurs d'attraction logistiques.

Par attraction interpersonnelle, nous faisons référence aux sentiments positifs que nous ressentons envers une autre personne. Ces sentiments peuvent prendre plusieurs formes : tomber amoureux, devenir amis, apprécier, désirer ou admirer quelqu'un. Mais que se passe-t-il pour que deux personnes s'attirent ? Quels sont les facteurs qui entrent en jeu ?

Dans ce chapitre, je vais vous présenter les 9 facteurs à l'origine de l'attraction dans une relation interpersonnelle. Je les ai regroupés en 4 principales catégories : 1) l'attraction physique, 2) la similarité, 3) la proximité, et 4) l'intérêt personnel.

## 1. L'attraction physique.

### a. La beauté physique.

Les différentes études sur les comportements humains, démontrent que, de manière générale, nous percevons les gens « beaux », comme étant plus chanceux, plus intelligents, plus ouverts, plus gentils, bien intentionnés, prêts à agir pour le bien de tous, plus modestes ou encore plus intéressants. Les participants aux différents tests perçoivent également les gens « beaux » comme ayant moins de problèmes, un travail plus intéressant, vivant un bon mariage et réussissant mieux leur vie en général. Ces résultats montrent que nous entretenons des préjugés et des stéréotypes, basés uniquement sur le physique des gens.

Cela va au-delà de simples préjugés. En effet, d'autres études montrent que les bébés passent plus de temps à regarder les « belles » personnes, qu'à regarder les personnes perçues comme étant « moins belles ». Vous pensez peut-être qu'une expérience faite auprès des bébés, ne reflète pas vraiment la réalité du monde adulte. Je suis d'accord avec vous, et c'est pour cela que je vais vous parler d'une autre expérience faite auprès des adultes, en public, et non pas dans un laboratoire.

L'expérience suivante a eu lieu à New-York pendant les heures de pointe. Les chercheurs avaient artificiellement défiguré les personnes qui faisaient l'objet de l'étude. Ils les avaient rendues plus moches, à travers un maquillage digne d'Hollywood, en créant quelques cicatrices, en allongeant ou rétrécissant certaines parties du visage, etc. L'idée était d'observer quelle serait la réaction des gens.

Quels ont été les résultats de l'étude à votre avis ? Personne, j'ai bien dit « personne », n'a voulu s'asseoir à côté de ces gens artificiellement défigurés. Et cela peu importe leur couleur de peau ou leur tranche d'âge.

Au vu de ces résultats, il est facile de conclure que les personnes qui jouissent de beaux traits physiques, ont plus de chance d'attirer de potentiels candidats pour une relation amoureuse. Mais relativisons un peu car, il faut le rappeler, la beauté physique dépend fortement des critères culturels. Et tout le monde ne cherche pas à vivre avec la plus belle personne du monde.

### b.  Le même niveau de beauté physique.

Au fond nous cherchons quelqu'un qui nous est similaire, nous voulons entrer en couple avec une personne qui reflète l'idée qu'on se fait de notre apparence physique.

Si par exemple, nous nous accordons une note de 6 sur 10 pour notre apparence physique, nous aurons tendance à chercher un partenaire avec à peu près la même note, c'est-à-dire à qui nous accorderions également un 6/10. Si nous choisissons un partenaire avec une note beaucoup plus basse ou beaucoup plus élevée, nous nous sentirons moins satisfait dans notre relation.

En effet, si nous jugeons que notre partenaire mérite une note de 3/10, nous aurons tendance à penser que nous méritions mieux. Si par contre, nous jugeons que notre partenaire mérite une note de 9/10, nous ne nous sentirons pas en sécurité dans notre relation. Nous aurons tendance à avoir un complexe d'infériorité, ou nous développerons une jalousie excessive qui nous poussera à croire que tout le monde désire notre partenaire, et qu'il nous quittera dès qu'il aura rencontré une personne de son gabarit.

Bien entendu, notre degré d'attirance et la note octroyée sont notre propre conception des choses. Nous pouvons accorder un 2/10 à une personne, alors que d'autres lui donneraient un bon 9/10, et vice-versa. Ce qu'il faut retenir, c'est que nous avons tendance à nous mettre en couple avec une personne dont le physique nous met le plus à l'aise possible.

Cependant, la question du physique ne s'arrête pas là. L'attirance physique est, en effet, un facteur d'attraction indispensable.

### c. L'attirance physique.

Pour parler concrètement d'attraction au sein d'un couple, il doit y avoir une certaine forme d'attirance sexuelle entre les deux individus. Peu importe son intensité, sa fréquence ou sa durée, les deux personnes doivent s'attirer physiquement.

## 2. La similitude.

### a. Partager la même vision du monde.

D'autres études sur les comportements humains démontrent que nous avons tendance à aimer la compagnie des gens qui nous ressemblent, et ce, pas seulement physiquement. Par exemple, si nous apprécions un rythme de vie tranquille et posé, nous aurons tendance à éviter de nous entourer avec une personne qui carbure aux drames. Si nous avons peur de prendre des risques, nous ne nous entourerons pas d'une personne qui aime les sports extrêmes ou les jeux d'argent.

Notre vision du monde se définit à travers une multitude de questions : Quelle importance accordons-nous à la famille ? Cherchons-nous quelqu'un d'intégré ou de marginal ? Quelle importance accorde-t-il/elle à l'amitié ? Est-ce quelqu'un qui sait garder son humilité même dans la victoire ? Est-elle /il honnête ? Est-ce quelqu'un qui aime voyager et découvrir de nouveaux endroits ? Est-ce quelqu'un d'ouvert ? Est-il/elle promis à une carrière brillante ? Etc.

La réelle réponse à ces questions, et non pas celle que nous donnons en public pour projeter une certaine image valorisante de nous-même, détermine qui sont les personnes qui nous attirent.

Mais bien entendu, nous ne nous mettons pas en couple avec toutes les personnes qui pensent comme nous. La présence d'un autre élément est déterminante : la réciprocité.

### b.  La réciprocité.

Nous avons tendance à aimer en retour les gens qui nous aiment. C'est une sorte d'effet miroir, la loi du talion, « œil pour œil, dent pour dent ». Nous pensons que ceux qui nous aiment, sont des gens géniaux. À l'inverse, nous sommes convaincus que ceux qui ne nous aiment pas, sont des gens bêtes et aveugles, qui ne réalisent pas combien nous sommes des gens bien.

Nous avons tendance à agir de manière positive envers une personne, quand nous pensons que celle-ci nous aime bien. Elle agira de la même façon en retour.

Au-delà du partage de la même vision du monde et la réciprocité, il y a un dernier facteur d'attraction lié à la similitude : les critères d'exclusion.

### c.  Les critères d'exclusion.

Nous détenons tous une petite liste des qualités ou caractéristiques que nous voudrions trouver chez notre potentiel futur partenaire, avant de pouvoir s'engager. Ce sont nos critères d'exclusion.

Par exemple, nous pouvons souhaiter que notre futur partenaire ne fume pas, ou à l'inverse, supporte le fait que nous fumions. Nous pouvons souhaiter qu'il n'ait pas d'enfants, ou qu'il ne veuille pas en avoir. Nous pouvons espérer qu'il ait beaucoup d'argent, un certain niveau d'études, une certaine origine ethnique ou croyance religieuse, etc.

Plus la liste des critères d'exclusion est longue, plus il sera difficile de trouver une personne correspondante. Il faut donc éviter de multiplier les qualités ou caractéristiques requises.

Ensuite, nous allons évoquer les facteurs d'attraction liés à la proximité.

## 3.  La proximité.

### a.  L'interaction.

Pour en arriver à apprécier quelqu'un, il faut que cette personne soit « à portée de main » physiquement ou virtuellement. Ceci est plutôt logique, sinon comment les deux individus pourraient-ils se rencontrer ?

En effet, il nous est plus facile d'aimer une personne avec laquelle nous interagissons régulièrement, qui fait partie de notre entourage physique, et que nous sommes amenés à côtoyer de façon régulière. Instinctivement, nous nous méfions de toute personne étrangère à notre cercle intime, ou à qui nous n'avons jamais adressé la parole.

Ainsi, un camarade de classe, un voisin, un fidèle de l'église, un collègue, etc., nous inspirent plus confiance que toute autre personne inconnue.

L'interaction facilite donc l'attraction, mais l'exposition joue également un rôle important.

### b.  L'exposition.

Plus nous sommes exposés à quelque chose, plus nous finissons par l'apprécier avec le temps. C'est vraisemblablement la raison pour laquelle les radios passent la même chanson en boucle, pendant une certaine période. Même si cette chanson nous déplaît au début, nous finissons généralement par l'apprécier de plus en plus, bien que dans certains cas extrêmes, nous finissons par la détester complétement. Toujours est-il que le fait d'être exposés à quelque chose, ne nous laisse pas indifférents, et c'est cela qui est important.

Parmi les relations amoureuses, il existe de nombreuses histoires de gens qui finissent ensemble, alors qu'au début, ils ne s'appréciaient pas. Dans ce cas, c'est donc l'exposition qui a favorisé le facteur d'attraction.

Enfin, le dernier facteur d'attraction lié à la proximité, est l'anticipation d'une future interaction.

### c.  Anticiper une future interaction.

Au cours d'une étude de psychologie, les chercheurs ont montré des photos d'individus à un groupe d'étudiants. Ils devaient ensuite déterminer, parmi ces individus, lesquels étaient catalogués comme « intéressants ». Pour le premier groupe d'étudiants, les chercheurs ont simplement montré des photos, puis ont demandé aux étudiants de noter le niveau d'attractivité des individus. Pour le second groupe, les chercheurs ont informé les étudiants que certaines de ces personnes vivaient dans la même ville qu'eux, ou à proximité. Le second groupe a noté les individus nettement plus positivement que le premier groupe.

Quelle est donc la conclusion de cette étude ? Nous avons tendance à juger plus positivement les personnes que nous serions potentiellement amenés à croiser dans l'avenir. Ce jugement positif est une sorte de spéculation sur les interactions futures que nous aurons avec ces personnes

Pour finir, le dernier facteur d'attraction, et peut-être le plus important, est l'intérêt personnel.

## 4.   L'intérêt personnel.

Quel partenaire pensons-nous mériter par rapport à notre statut social, à nos accomplissements, à notre position, etc. ?

Ceci est une question pratique, un peu taboue, mais tout le monde se la pose à un moment donné. Nous pouvons penser : « Cela fait un long moment que je fréquente cette personne, est-ce que je m'engage ou est-ce j'attends quelqu'un de mieux ? Est-ce que cette personne correspond à mes attentes ? Est-ce qu'il n'y aura pas d'autres alternatives plus intéressantes ? Seront-elles accessibles ? Quel sera le prix à payer ? »

Ce sont les réponses à ces questions que nous nous posons tous intérieurement à un moment donné, qui détermineront le choix de notre partenaire.

# Troisième Partie : Les différents types de relations amoureuses.

# Chapitre 1. Les 3 clés pour comprendre les relations amoureuses.

Pour comprendre une relation de couple, il faut l'analyser sous 3 angles principaux : a) la passion, b) l'intimité, et c) l'engagement.

## 1. La passion.

L'attirance physique et sexuelle entre deux partenaires est l'élément principal dans les scénarios hollywoodiens ou les tubes occidentaux. Le partenaire idéal doit exercer sur nous un attrait physique, qui nous transporte et nous fait le/la désirer constamment.

## 2. L'intimité ou la complicité.

Au-delà de l'attirance physique, le couple idéal adore passer du temps ensemble. Les partenaires jouent, s'amusent et communiquent énormément. Leur complicité est sans égale, ils jouissent d'une intimité exclusive, n'ont aucun secret l'un envers l'autre, ne se jugent pas, et partagent leurs joies et leurs peines. En résumé, ce sont de véritables amis-amants.

## 3. L'engagement.

La troisième clé pour comprendre l'amour est l'engagement. Le couple idéal s'engage dans la relation sur le long terme. Les deux individus se soutiennent mutuellement, sont solidaires et généreux l'un envers l'autre, et s'entraident pour faire face aux difficultés de la vie. En résumé, chaque partenaire sait qu'il peut compter sur l'autre sur le long terme.

## 4. L'importance des ces 3 composantes.

Voici donc en quelques mots, les trois composantes principales de l'amour. Les différentes combinaisons de ces composantes, conditionnent les différents styles de relation. C'est grâce à ces clés que nous pouvons comprendre pourquoi nous pouvons être sexuellement attirés par une certaine personne, tout en restant amoureux et attachés à quelqu'un d'autre. Cela peut également nous aider à comprendre pourquoi le modèle occidental aboutit souvent à des échecs, séparations et divorces.

En effet, le modèle, qui nous a été proposé par l'occident, implique une relation d'exclusivité qui comporte ces trois éléments – l'attirance physique, la complicité et l'engagement à long terme. Le problème avec ce modèle est l'exclusivité et la durée. Le modèle occidental est exagérément optimiste. Il met beaucoup d'attentes sur le partenaire, et dramatise quand un des trois éléments n'est pas atteint.

Il est rare qu'une relation contienne ces 3 principes dès les premiers jours. Les relations se travaillent et les styles de relation différent selon les contextes socio-économiques.

Dans les chapitres suivants, nous allons évoquer les différents styles de relation, selon la combinaison de ces 3 clés – passion, intimité et engagement.

# Chapitre 2. Les contextes d'engagement.

Les différentes combinaisons des 3 clés qui composent une relation peuvent nous permettre de comprendre le type de la relation dans laquelle on se trouve.

## 1. La relation sans amour.

Une relation sans amour est une relation qui ne comporte aucune de ces 3 composantes. Il n'y a ni attirance physique, ni partage de secret, ni engagement l'un envers l'autre. Par exemple, la relation que j'ai avec vous, mes lecteurs, est une relation sans amour. Nous ne pouvons pas dire que nous soyons dans une relation particulière, nous ne partageons pas nos secrets intimes, nous ne sommes pas attirés physiquement, et nous ne sommes pas engagés l'un envers l'autre, nous sommes de parfaits étrangers.

## 2. L'amour vide ou le mariage de raison.

Les relations de ce type « l'amour-vide » ne considèrent que la durée, c'est-à-dire que les deux partenaires ne tiennent compte que de l'engagement à long terme.

Dans certaines cultures en Afrique et en Asie on se marie pour préserver les intérêts de la famille ou tout simplement pour acquérir et/ou maintenir un certain statut social. Dans ces cas-là la relation avec le partenaire sera presque comme une relation d'affaires, les partenaires sont ensemble pour protéger des intérêts mutuels. Ces intérêts sont avant tout leurs finances, leurs propriétés, leur pouvoir d'influence dans la communauté, leur prestige, etc.

Les « raisons » sur lesquelles les familles de ces individus se basent peuvent être résumées en trois mots simples : le pouvoir, la popularité et les richesses matérielles.

Le trait d'union entre leurs intérêts sera leur progéniture. Les enfants seront les garants de leur unité et les légataires de leurs avoirs, eux aussi sont censés faire tout ce qui est en leur pouvoir pour garantir la pérennité de ces acquis.

Dans ce genre de relation, on n'est pas obligé de se sentir physiquement attiré(e) par son partenaire, il n'y a pas de passion, il n'y a que des intérêts à protéger ou à acquérir.

Et s'il arrive qu'on soit attiré (e) par quelqu'un d'autre ?

Dans ce cas-là, l'idée c'est d'éviter le scandale à tout prix, toujours dans l'optique de préserver les intérêts communs. Les deux partenaires ne se partagent pas de secrets (c'est-à-dire qu'ils ne sont pas intimes ou complices) et ne se désirent pas, ils voient l'acte sexuel comme un devoir à accomplir pour procréer et maintenir leurs privilèges.

Ce type de relations s'applique souvent chez les personnes qui viennent de familles privilégiées ou très conservatrices.

### a.  Les responsabilités sociales

Par exemple, si une fille, qui évolue dans un environnement très conservateur, tombe enceinte hors mariage, sa famille mettra la pression au futur père de l'enfant pour que les deux se marient afin de sauver l'honneur de la famille. Ce sera donc ce qu'on peut considérer comme un « mariage de raison », et la raison dans cette union est l'honneur de la famille de la fille. Les deux individus ne sont pas prêts à vivre une relation et cet enfant est venu un peu par « accident ». C'est-à-dire qu'ils n'avaient pas prévus de l'avoir, mais les obligations sociales les poussent à prendre leurs responsabilités et à s'engager dans une relation de longue durée afin de « sauver » l'honneur de la famille en premier lieu puis en second lieu le bien-être de l'enfant.

### b.  Le prestige social

Un autre cas, peut-être celui ou les deux partenaires se « choisissent » mutuellement, sans aucune pression familiale ou sociale, simplement parce qu'ils viennent d'un même milieu social. Ils se mettent ensemble parce qu'ils savent que ça correspond aux attentes de leurs parents respectifs.

Dans ce cas-là, c'est toujours pareil, les deux partenaires maintiennent une apparence de bonheur et de stabilité et jouent une certaine sorte de comédie amoureuse pour sauver les apparences. Mais au fond les deux individus savent qu'ils sont ensemble par intérêt.

### c.  Le poids de l'âge

Le dernier cas qui est de loin le plus fréquent dans ce type de relation, est celui qui arrive quand quelqu'un est prêt à s'engager seulement parce que le poids de l'âge commence à se faire ressentir ou tout simplement parce qu'on se sent « prêt » financièrement ou parce que les pressions sociales deviennent insoutenables. Quand tout notre entourage nous dit qu'il est « temps », dans ce cas la personne concernée fera tout pour chercher et trouver rapidement un partenaire pour sauver la face. Exemple ?

L'exemple le plus flagrant est le cas d'une fille de 35 ans, appelons-là Helene, qui s'est mis avec un type « gentil » « stable » et « drôle », que nous appellerons Steve. Au tout début de la relation, en moins d'un mois, Helene a commencé à dire à Steve qu'elle voulait avoir des enfants avec lui, que c'était l'homme de sa vie, et autres déclarations de ce genre. Cela laissait l'impression qu'elle souhaitait vivre une relation à long terme avec lui. Steve s'est emballé et a emménagé pour vivre avec elle. Mais au bout de deux semaines de vie commune Steve a senti que quelque chose clochait chez Helene.

### d.  C'était quoi le problème ?

Le problème, c'est qu'elle le trompait régulièrement avec son ex qu'on appellera Richard. Au fond, Helene aurait souhaité s'engager avec Richard, mais celui-ci n'était pas disposé à vivre une relation à long terme, ou alors peut-être, qu'il voulait vivre une relation à long terme, mais en tout cas pas avec elle. Helene a tout fait pour convaincre Richard, elle a tout sacrifié pour y parvenir, mais celui-ci ne s'intéressait qu'à deux composantes de la relation : (1) la passion, c'est-à-dire le sexe et l'attirance physique et (2) l'intimité.

Quand Helene a senti venir le poids de l'âge, elle a décidé de se mettre avec Steve pour avoir au moins quelqu'un qui veut l'épouser et lui faire des enfants (l'engagement), mais tout en continuant à être attirée physiquement par Richard.

Ces cas sont très fréquents, certaines personnes se marient seulement parce qu'il est « temps » et parce que la personne qu'ils préféraient et désiraient n'a pas voulu s'engager à long terme avec eux pour une raison ou une autre. C'est par exemple le cas d'une fille qui adoptera la stratégie de se marier avec un homme qui a une « situation financière stable » et restera en relation secrète avec son ex qui n'était pas assez « riche » pour l'épouser.

Ces nouveaux cas de « mariage de raison individuelle» sont très fréquents en Afrique, la seule différence c'est que, cette fois-ci, la raison ou l'intérêt à préserver n'est pas l'intérêt de la famille ou de la communauté, mais plutôt un intérêt individuel qui est seulement connu par un des partenaires.

Pour les mariages de raison traditionnelle, les deux partenaires se marient par pression familiale et savent réellement à quoi s'attendre, ils ne se font pas d'illusions. Tandis que dans le cas d'un mariage « de raison individuelle » un des partenaires se sentira forcément trompé car il ignore ce qui a motivé l'autre à s'engager.

Petit conseil à ce sujet : Si vous ne souhaitez pas vivre une relation de type « amour-vide » à votre insu et si vous ne voulez pas vous faire avoir, il vous faut soigneusement étudier le passé de cette personne qui veut s'engager très rapidement avec vous…

# Chapitre 3. L'amour passion ou s'enticher. Les amants

Ce type d'amour correspond plus à ce qui nous est présenté dans les scénarios de Hollywood. C'est quand on « tombe » amoureux de quelqu'un, quand on sent son ventre gargouiller à la vue d'un(e) inconnu(e), quand on le trouve parfait physiquement, sans aucun défaut, et qu'une force irrésistible nous pousse vers cette personne. Quand nous voyons cette personne, nous nous enflammons littéralement et perdons la raison, nous sommes comme subjugués par cette personne et croyons que nous ne pourrions pas vivre sans elle, nous vivons son absence comme une torture, elle nous manque sans arrêt, et vivons dans un état constant d'excitation et de peur.

Nous sommes envahis par un sentiment d'euphorie dès que c'est réciproque et que la personne aimée se trouve à nos côtés, et nous paniquons complètement à l'idée d'être rejetés par cette personne ou tout simplement quand il y a une petite distance.

Nos sens sont constamment sollicités, nous n'arrivons pas à gérer toutes ces émotions de joies, de peurs, d'euphories, d'excitations, de panique, d'angoisses et d'incertitudes qui nous envahissent tout le temps. Nous perdons le contrôle et nous nous sentons complétement nus et fragiles face à cette personne, nous ne vivons que pour la revoir, plus rien n'a d'importance à nos yeux, seul l'être aimé compte pour nous. On se perd complétement dans l'autre, on fusionne et on ne voit plus le temps passer.

C'est cet état émotionnel qui est souvent considéré comme étant l'amour. Et beaucoup se mettent en couple sur la base de ce sentiment, ils se disent que s'ils éprouvent ce sentiment l'un envers l'autre c'est une preuve qu'ils sont faits pour vivre ensemble, qu'ils ont été créés l'un pour l'autre et que leur amour durera à jamais.

Ce scénario dans lequel on s'engage parce qu'on s'est entiché de quelqu'un découle du modèle occidental, et il est malheureusement source de plusieurs désillusions et divorces. La première raison c'est que ce sentiment d'euphorie dure en moyenne 3 ans, la durée la plus longue étant 7 ans.

Si on s'engage avec quelqu'un seulement parce qu'on est tombé amoureux, mais qu'on ne prend pas le temps de nourrir ce sentiment qui a une durée de vie très limitée on risque de se séparer une fois qu'on ne « ressent » plus rien pour son partenaire. Ou dans un autre cas, on va le/la quitter parce qu'on vient de ressentir le même sentiment d'euphorie envers une autre personne.

Il est très dangereux de s'engager « uniquement » sur la base du sentiment amoureux car nous serons tous amenés à l'éprouver pour plusieurs personnes dans notre vie, mais nous ne sommes pas obligés de nous marier avec ces personnes. C'est carrément irresponsable et illusoire de vouloir s'engager à long terme à chaque fois que nous éprouverons un sentiment de courte durée envers une autre personne.

Imaginez le cas d'un homme qu'on appellera Elvis qui demande en mariage une jeune fille (Grace) qui vient de lui faire éprouver ce sentiment d'euphorie puis, au bout de quelques années, disons une période de 6 ans, Elvis veut quitter Grace simplement parce qu'il ne « ressent » plus rien pour elle, et qu'il est à nouveau « tombé amoureux » d'une autre. C'est bien beau pour Elvis, mais c'est triste pour la pauvre femme qu'il abandonne avec ses deux enfants qu'ils ont eus durant les 6 années de vie commune. C'est d'autant plus triste qu'Elvis va « tomber amoureux » d'une autre, toute sa vie il sera en constante recherche de quelqu'un qui lui fera éprouver ce « sentiment spécial » et à chaque fois il recommencera une nouvelle vie.

Il y a d'autres cas où les deux partenaires se quittent simplement parce qu'ils n'éprouvent plus ce sentiment l'un envers l'autre. Elle lui dira « il n'y a plus rien » entre nous, et chacun ira chercher ce sentiment d'euphorie et d'excitation ailleurs.

Une autre source d'échec dans ce genre de relation, c'est que très souvent les deux amants « oublient » de tenir compte des aspects pratiques de la vie à deux car au fond ils pensent que la passion qui les anime sera le seul moteur de la relation. Du coup, ils négligent complétement les besoins réels de la vie et changent leurs priorités à 180 degrés, mais comme on dit « on ne vit pas d'amour et d'eau rose ».

Il est nécessaire d'apprendre à aborder sereinement les questions d'argent et de vie pratique, car elles deviennent souvent une source de tensions que les deux amants amoureux n'arrivent pas à gérer. D'autant plus que ceux-ci ne sont pas assez complices et intimes pour pouvoir faire face à certaines difficultés.

Les cas les plus fréquents sur ce genre de relations uniquement centrées sur l'attirance sexuelle se trouvent plus souvent chez les personnes mariées ou engagées dans une relation durable qui veulent passer un petit moment de plaisir sans pour autant mettre en péril leur relation.

On trouve plusieurs cas dans ce type de relation.

## 1. Se rassurer sur son propre pouvoir de séduction

Ce sera par exemple le cas de Aline, une femme de 42 ans mariée avec 3 jeunes enfants et cadre dans une entreprise qui sent que son mari ne la « regarde plus comme avant », et elle voudrait se sentir encore « femme », sentir qu'elle peut encore séduire et éveiller du désir chez quelqu'un. Pour y arriver elle voudra passer un bon moment de « plaisir » avec un jeune homme qui est encore dans la force de l'âge. Les moments passés avec ce jeune homme seront comme un petit moment d'évasion pour échapper à la routine et aux lourdes responsabilités familiales et professionnelles. Bien sûr elle ne compte pas quitter son mari qu'elle aime bien (voir le point 6, l'amour compagnon), ni abandonner ses enfants, seulement elle « utilise » ce jeune homme pour satisfaire ses besoins sexuels et aussi pour remonter son estime de soi.

Généralement les hommes et femmes mariés qui le font pour cette raison précise le feront au cours d'un voyage, lors d'un transit ou d'un moment où ils sont sûrs qu'ils ne peuvent pas se faire « repérer »

## 2. Assouvir des fantasmes inavouables

Un autre cas très courant et très parlant en Afrique sera celui de Janvier, homme de 35 ans marié depuis 3 ans avec Francine, une jeune femme de 29 ans. Janvier est chef charroi dans une ONG Internationale, il joue au foot le samedi et accompagne sa femme à l'église chaque dimanche. La vie de janvier a l'air stable et parfaite, mais seulement voilà Janvier a quelques fantasmes depuis quelques temps et il a une liste de quelques « jeux sexuels » qu'il rêverait de réaliser. Le problème c'est qu'il n'ose pas en parler à sa femme Francine qu'il trouve très pudique et très religieuse. Il aime bien le côté religieux de sa femme, au moins il est sûr qu'elle ne le trompe pas, mais le revers de la médaille c'est qu'il est bloqué dans son épanouissement personnel et ne peut pas lui parler de tous ses désirs qu'elle trouverait « sales ». Submergé par ses désirs Janvier essaiera de trouver un moyen de les réaliser sans l'apport de sa femme. Pour cela il pourra se trouver une jeune fille prête à tout pour lui plaire, et c'est avec elle qu'il accomplira ses désirs secrets et « sales ». Dans ce cas-là la relation sexuelle entre Janvier et cette jeune fille lui sert à se sentir « accepté » et « reçu », c'est à dire que cette jeune fille vient d'accepter son côté obscur qui aurait été critiqué et jugé par sa femme Francine. Janvier n'est pas prêt à quitter sa femme qu'il aime bien (voir le point 6, l'amour compagnon) mais il entretiendra cette autre relation basée sur l'attirance sexuelle avec la jeune fille qui est prête à faire ses jeux sexuels.

# 3.  La vengeance, la distance et la curiosité

Parfois l'un des conjoints aura une relation adultère par curiosité, par pure vengeance, ou pour se conforter de la distance que lui impose son conjoint ou les responsabilités professionnelles

Un autre cas très fréquent est celui de jeunes célibataires qui sont amenés à se fréquenter régulièrement. Disons qu'ils sont dans le même milieu social, fréquentent la même école ou la même église ou sont tout simplement des collègues de travail… Si les deux sont libres et n'ont personne de sérieux dans leur vie, il leur arrivera d'entretenir une relation basée uniquement sur le sexe pour se divertir un peu, en attendant qu'un d'entre eux trouve quelqu'un de sérieux pour s'engager ailleurs. Ce genre de relation ne pose pas vraiment de difficultés, les problèmes émergent quand un des deux commence à s'attacher à l'autre et veut « plus », c'est-à-dire quand il/elle cherche plus d'exclusivité et d'engagement de sa part alors que l'intéressé n'est pas prêt à aller plus loin.

On trouve beaucoup de cas de personnes qui n'ont entre elles que du pur désir physique, mais il y a un cas particulier qui est très rarement évoqué car il est tabou. Ce cas concerne des individus qui sont amenés à se fréquenter régulièrement car le contexte fait qu'ils n'ont pas d'autres alternatives. Avec le temps, ils seront amenés à « désirer » sexuellement une personne qui n'était pas leur premier choix.

C'est le cas de personnes incarcérées pour une longue période. Le contexte dur qu'ils rencontrent dans les milieux pénitenciers, dans lesquels les hommes sont obligés de vivre exclusivement entre eux, sans aucun accès au monde extérieur. Certains n'arrivent pas à supporter la frustration et finissent par être attirés par d'autres hommes alors qu'ils étaient attirés par des femmes au départ.

## 4. Conclusion ?

Retenons que 1. Il faut éviter de s'engager dans une relation durable sur la base de ce sentiment d'euphorie car il est de très courte durée 2. Sachez que quand on est emporté par ce sentiment, on a une certaine tendance à « négliger » ou à « oublier » de tenir compte de certains aspects essentiels et pratiques de la vie à deux et cela peut devenir source de conflit et de séparation. Il faut donc trouver des moyens pour entretenir ce sentiment et apprendre à parler des aspects pratiques de la vie à deux avant de s'engager dans une relation durable.

Sinon à part ça il n'y a rien de plus agréable que de vivre ce sentiment avec quelqu'un.

# Chapitre 4. La relation centrée sur l'amitié ou la complicité.

Dans ce type de relation les deux partenaires s'aiment bien, ils adorent passer du temps ensemble, ils partagent leurs secrets, passent des moments amusants et se soutiennent dans les moments difficiles, bref ce sont de véritables amis.

C'est une relation satisfaisante sur le plan intime, mais qui manque de profondeur car les deux personnes ne sont pas impliquées dans une relation à long terme et ne s'attirent pas physiquement. Cette relation serait parfaite si elle restait dans le cadre amical, tout change quand une des deux personnes veut « plus » que cette amitié.

Vous connaissez peut-être des cas où quelqu'un tombe amoureux de son ami(e), ou bien peut-être que ça vous déjà arrivé, ce cas arrive tellement souvent qu'il vaut la peine qu'on y consacre un peu de temps, pour comprendre une relation d'amis-amoureux : voyons d'abord ce qu'est l'amitié.

Comment peut-on définir l'amitié ?

C'est un sujet très vaste et difficile à aborder, mais nous pouvons quand même cerner le concept de l'amitié en dessinant ses contours en 4 points essentiels, ces 4 points vont vous permettre de comprendre vos relations d'amitiés et leur utilité, ils vous permettront surtout de comprendre pourquoi certains finissent par vouloir vivre en couple avec leurs ami(e)s. Voici les 4 clés pour comprendre l'amitié :

## 1.  Un réseau d'entraide.

Un(e) ami(e) est quelqu'un qui utilise ses avoirs, ses connaissances ou ses contacts pour nous aider à progresser ou à améliorer notre bien-être. Il se préoccupe de notre avancement et le met en pratique autant que cela lui est possible.

Car au fond, nous ne sommes tous que de petits êtres fragiles qui évoluons dans un vaste monde qui nous échappe. Nos capacités individuelles sont très limitées, ces limites ne nous permettent pas de réaliser les nombreux projets que nous avons dans nos têtes. Il est clair que nous ne pouvons pas, malgré toute la détermination du monde, parvenir à tout réaliser sans l'aide de personne et c'est pour cela que nous avons besoin de quelqu'un pour nous aider.

Pour aboutir à nos objectifs ou pour sortir des nombreux pétrins que nous rencontrons, nous avons besoin d'individus, de collaborateurs et de complices qui peuvent aligner leurs plans sur les nôtres et qui vont utiliser leurs capacités et leur énergie en notre faveur.

## 2.  Partager des secrets et se sentir compris.

On a tous en nous des côtés obscurs, des « idées folles » ou quelquefois un peu « subversives », ce genre de pensées qui nous font parfois nous sentir un peu « étranges », « bizarres » ou « différents » des autres.

Quelles sont ces pensées ?

Ce sont nos regrets, nos ressentiments, nos désirs inavouables, nos ambitions, nos compulsions sexuelles, nos désespoirs, nos confusions etc. En gros, c'est ce genre de pensée que nous n'oserions jamais avouer à personne, de peur d'être critiqués ou jugés.

Nous les taisons et les dissimulons en société et auprès de ceux que nous ne connaissons que de manière très superficielle, car nous avons peur de passer pour des malades mentaux et on fait bien d'ailleurs !

Pour nous sentir moins seuls, nous avons besoin d'un ami qui nous fera nous sentir <normal> malgré tout ça. Un ami qui nous avouera que, parfois, lui aussi à des idées un peu <bizarres> qui lui passent par la tête, et ainsi nous nous sentirons moins seuls et moins fous.

 Cet aspect de l'amitié nous permet de pouvoir nous regarder devant le miroir de manière un peu moins sévère mais plutôt avec un peu plus de compassion.

## 3. S'amuser.

Nous vivons dans un monde qui se prend un peu trop au sérieux. Nous passons nos journées à écrire des mails sérieux à nos collègues, à envoyer des factures avec de « sérieux » gros montants, à réclamer de sérieuses augmentations pour nos salaires

Puis le soir venu, nous regardons les nouvelles « sérieuses » de ce monde sur des chaînes « sérieuses » qui nous parlent de conflits « sérieux » qui opposent des pays « sérieux », et ces pays se disputent de « sérieux » intérêts après nous devons penser « sérieusement » à faire du sport, commencer un régime, ou entreprendre une activité rentable.

Bref, à un moment donné, on a envie d'arrêter d'être « sérieux » et raisonnable pour relâcher la pression et s'amuser un peu. C'est dans cette optique que nous avons besoin d'un ami qui, malgré son statut d'architecte, juge, haut cadre, directeur dans une grosse société, ou autre titre impressionnant ; sera là et prendra du temps pour sortir s'amuser et faire les fous avec nous en boîte de nuit. Avec lui/elle on pourra jouer aux jeux vidéo ou décompresser un peu autour d'un barbecue ou d'une bouteille de Gin ou partager toute autre activité amusante et passer des moments agréables ensemble.

## 4.  Avoir les idées claires.

Parfois nous n'arrivons pas à penser correctement, nous sommes en colère et nous ne savons même pas pourquoi, nous sommes tourmentés sans savoir d'où nous vient ce sentiment d'angoisse, nous avons des choix à faire mais manquons de guide ou de stratégie pour prendre la bonne décision.

Un ami est celui qui nous aide à y voir un peu plus clairement dans notre vie. Il nous posera des questions simples et concises qui nous permettront de voir plus correctement et de mieux approcher la situation et résoudre tes problèmes.

Voilà pour les 4 points de l'amitié, il faut quand même préciser que c'est vraiment rare de trouver des amis qui remplissent ces 4 critères, généralement ils ont parfois un ou tout au plus trois de ces attributs. Il n'est donc pas étonnant que parfois une amitié amène une des deux personnes à vouloir un peu « plus ». Et ce « plus » s'exprime souvent par le désir ou plus simplement une certaine forme d'attirance sexuelle, car parmi les 4 contours de l'amitié, nulle part n'est mentionnée l'attirance sexuelle. Si les deux amis commencent s'attirer physiquement cela devient plutôt un autre type de relation, c'est ce que l'on appelle l'amour romantique. (Nous allons l'aborder dans le point 5 qui va suivre).

## 5.  Peut-on être ami avec tout le monde ?

À mon avis, ça dépend du contexte dans lequel on se trouve mais aussi duquel de ces 4 points d'amitié il s'agit.

Par exemple, il serait difficile pour un homme marié ou engagé dans une relation à long terme d'entretenir une relation d'amitié profonde du type partager des secrets et se sentir compris (point b) ou bien s'amuser et faire les fous ensemble (point c) avec une autre femme mariée. Ce genre de relation amicale n'est pas convenable et entraînerait un malaise chez leurs partenaires respectifs, d'autant plus que les deux amis finiraient par révéler des secrets intimes de leur couple qui pourraient blesser leur partenaire. Par contre ils pourraient facilement entretenir une amitié du type réseau d'entraide (point a) ou avoir les idées claires (point b).

Si c'est une personne mariée qui entretient une relation d'amitié avec un(e) célibataire de sexe opposé, elle pourrait susciter la jalousie de son partenaire si elle/il entretenait une relation amicale de type (b) (c) et (d).

De manière générale, il faudrait éviter d'entretenir des relations amicales qui suscitent des jalousies auprès de votre partenaire, de peur qu'il/elle se sente délaissé(e) ou dénigré(e), cela pourrait créer des malentendus et le/la pousser à commettre des erreurs difficilement réparables. Il faut apprendre à choisir des amis qui sont bénéfiques au couple, c'est-à-dire ceux qui servent au point (a) et (b), ceux qui vous aident à travailler plus sur votre relation, ceux qui vous encouragent à rester ensemble et ceux qui vous aident à progresser dans vos carrières respectives.

# Chapitre 5. L'amour romantique.

Ce type de relation offre un cadre assez satisfaisant pour ceux qui le vivent, les amoureux sont complices, se partagent leurs secrets, émettent plus ou moins sur la même longueur d'onde, ils se désirent physiquement, ils ne peuvent pas se passer l'un de l'autre, ils s'apprécient beaucoup et peuvent passer des heures à se parler ou à jouer ensemble. Tout a l'air beau dans ce genre de relation, le seul souci c'est qu'il y manque l'aspect « engagement ».

De manière générale, les personnes qui vivent ce genre de relation ont envie de pousser plus loin, mais ne peuvent pas le faire pour plusieurs raisons. Voici quelques cas :

Prenons l'exemple de Robert, un étudiant de 23 ans, qui vit encore chez ses parents, et dépend financièrement d'eux en attendant la fin de ses études. Robert est fou amoureux de Krystelle une jeune et jolie de fille de 26 ans qui travaille dans les télécoms. Les deux voudraient vivre leur vie ensemble mais malheureusement Robert n'a pas les moyens financiers suffisants pour le faire, il doit attendre la fin de ses études et il n'est même pas garanti qu'à la fin de celles-ci il trouvera un travail bien rémunéré. L'avenir de leur couple est incertain, Krystelle voudrait attendre que Robert trouve une meilleure situation, mais ça prendra au moins 5 ans et d'ici là elle doute que Robert sera encore amoureux d'elle, elle a peur et nourrit des doutes car elle pense qu'il se lassera et prendra une autre quand il aura eu un travail. En plus de cela elle subit de fortes pressions sociales, elle est tout le temps invitée aux mariages de ses proches et sa famille la presse de se marier car elle a tout pour réussir, elle vient d'une bonne famille, elle a un bon boulot, de bons diplômes, et une longue liste d'autres prétendants qui veulent s'engager avec elle.

Les deux s'aiment mais ne peuvent s'épanouir et vivre complètement leur relation car le contexte social ne le permet pas. Ils opteront donc pour une brève relation romantique et Krystelle se mariera avec Jean un jeune homme de 33 ans qui travaille dans le secteur bancaire et qui a un avenir prometteur ; tandis que Robert finira ses études et s'engagera avec Clarisse une jeune fille sympa de 2 ans de moins que lui. Bien sûr les deux amoureux continueront à se voir en secret tout en pensant à la relation qu'ils auraient eue si les circonstances l'avaient permis.

Un autre cas de relation romantique est illustré par les relations qu'auront les jeunes adolescents qui sont encore à l'école ou les étudiants qui s'aimeront passionnément pendant une courte durée, soit une année scolaire ou un trimestre, en attendant de se lasser et de passer à quelqu'un d'autre. Ils vivront des moments heureux et intenses tout en sachant que c'est pour une courte durée.

Il y a d'autres cas où l'une des deux personnes est déjà engagée dans une autre relation durable. Dans ce cas cette personne vivra une relation romantique avec son amant ou sa maîtresse tout en préservant son image et celle de sa famille.

Le cas de Natacha est très parlant : Natacha est une femme de 42 ans qui vit avec son mari Richard de 45 ans. Ils ont 3 enfants en commun et sont mariés depuis 12 ans, ils ont tous deux un bon travail, leurs enfants vont à l'école et ils vivent dans un beau quartier. La vie de leur couple est plutôt calme, ils ne se disputent presque jamais, Richard est un homme plutôt détendu et pas très exigeant, Natacha prend bien soin des affaires de la maison et les deux vivent une relation de couple et une vie de famille assez tranquilles.

Mais voilà, Natacha cache un secret, depuis qu'elle est adolescente elle sait qu'elle est attirée par les femmes. Elle n'a jamais osé l'avouer à sa famille et peu de ses amis connaissent son secret. Elle voit en secret Diane, une autre femme mariée, elles s'entendent bien et s'aiment tendrement mais les deux cachent leur relation pour préserver leur image et leurs enfants car ce genre de sujet est encore tabou dans nos sociétés africaines. Si leur relation venait à être dévoilée, le prix à payer serait trop lourd et ça ne vaut pas la peine de tout sacrifier pour ça. Parfois dans des contextes bien particuliers, certaines relations ne peuvent réellement être bien vécues qu'en secret.

Il est aussi possible d'avoir une relation dans laquelle ceux qui la vivent sont intimes et engagés mais ne s'attirent pas physiquement, c'est un type de relation qu'on appelle l'amour compagnon.

# Chapitre 6. L'amour compagnon.

C'est un type de relation dans lequel les deux partenaires se partagent leurs secrets, se soutiennent, et sont engagés l'un envers l'autre. Ils vivent une relation de couple engagée à long terme mais ne s'attirent pas/plus physiquement.

Les cas varient dans ce type de relation, cela peut varier entre (1) ceux qui s'attiraient au début mais le désir s'est effrité avec le temps. Ils ne peuvent jamais penser à se séparer pour ne pas détruire ce qu'ils ont construit au fil des années : La maison, les enfants, le prestige social etc. Ou encore (2) d'autres qui ne se sont jamais attirés. Ils vivent un mariage arrangé par leurs parents mais avec le temps ont fini par s'apprécier mutuellement, et ils ont développé une sorte d'intimité à force de vivre ensemble. Ou tout simplement (3) des cas de couples qui se sont mis ensemble parce qu'ils partagent les mêmes ambitions et les mêmes secrets.

En résumé, l'amour compagnon est une relation de type amour vide dans laquelle s'ajoute l'aspect intimité et complicité.

Voici un exemple qui permet d'illustrer ce type de relation.

Becka une jeune femme de 26 ans et Ethan un jeune homme de 27 ans sont deux jeunes qui se sont engagés dans une relation durable et ont fini par se marier simplement parce qu'ils partageaient un même secret et les mêmes ambitions.

Les deux étaient détenteurs d'un master et voulaient réussir dans la vie. Ils étaient déterminés à avoir de brillantes carrières internationales et étaient prêts à tout faire pour y parvenir. Seulement ils avaient un obstacle commun, ils étaient tous deux gays, et aucun d'eux ne voulaient affronter sa famille pour évoquer ce sujet. Quand ils se sont connus, ils ont développé une belle amitié, ont continué à se voir et ont fini par dévoiler leurs secrets.

Les deux étaient beaux, jeunes et privilégiés, ils savaient que leurs familles respectives apprécieraient leur union. Ils ont donc décidé de se marier pour réaliser leurs ambitions et vivre plus aisément leur secret. Dans leur cas chacun protège et aide l'autre, ils sont engagés dans une relation à long terme dépourvue de toute passion et de tout désir.

# CONCLUSION

Voici ce que les trois parties de ce livre nous ont permis de comprendre et à quoi ça peut nous servir.

Dans la première partie, nous avons vu les principales attentes, souvent irréalistes, que nous nourrissons sur les qualités supposées du conjoint idéal. Cela nous a permis de réduire la pression et de juger moins durement notre (futur) partenaire. Il/elle n'est peut-être pas parfait(e), mais nous avons appris à être moins jugeant et à apprécier ce que nous avons. Nous avons compris que la société moderne façonne des individus frustrés, à travers les différentes publicités qui promettent toujours de nouveaux objets, toujours mieux que ceux que nous possédons déjà. Nous avons aussi vu d'où nous vient cette fâcheuse tendance à négliger ceux qui s'attachent à nous. Nous avons compris que tout ce qui a de la valeur n'est pas forcément rare, en tout cas, en ce qui concerne les relations amoureuses.

Dans la deuxième partie, nous avons fait la différence entre les mirages et la réalité. Cette partie nous a aidés à comprendre pourquoi certaines personnes exercent un attrait presque irrésistible sur nous, et comment notre environnement social nous a façonnés pour être attirés par ce genre de personnes. Nous avons aussi compris quels sont nos critères de jugement, quand il s'agit de se choisir un partenaire.

Enfin, la troisième partie nous a permis de connaître dans quel type de relation nous nous trouvons ou celle que nous cherchons. Elle nous a aidés à mieux nous positionner. Par exemple, si vous vivez une relation qui ne comprend que la passion et l'engagement, sans l'aspect intimité, c'est à vous de déterminer quelle sorte de relation vous voulez, et de travailler à combler ce qui manque. Dans le cas où vous vivez une relation passionnelle à sens unique, vous devriez réfléchir à comment vous pourriez développer l'aspect passion chez votre partenaire. L'idée n'est pas de juger l'état de votre relation. C'est à vous de voir ce qui manque, pour que vous puissiez vivre un amour complet si, bien évidemment, vous souhaitez vivre ce type de relation.

Une relation de type amour complet, c'est-à-dire qui contient les 3 composantes d'une relation de couple (engagement, passion et intimité) serait l'idéal, mais cela demande de travailler réellement sa relation. C'est justement ce point qui sera abordé dans le prochain livre. Je vous donnerai les clés et astuces pour parvenir à vivre une relation de type amour complet.